GEF

É

GW00708340

Émile Zola (1840-1902) naît à Paris. Son père, brillant ingénieur d'origine vénitienne, meurt alors qu'il a sept ans. Après quelques années passées à Aix en Provence, la mère et le fils s'installent à Paris. D'abord embauché comme manutentionnaire à la librairie Hachette, Zola se consacre bientôt à l'écriture et au journalisme. À trente ans, il conçoit une immense fresque, Les Rougon-Macquart, à la fois histoire sociale de son époque et histoire naturelle d'une famille sous le Second Empire. L'Assommoir, le septième volume des Rougon-Macquart, est un succès de librairie et de scandale : jamais on a montré les tares du peuple (ici, l'alcoolisme) plus crûment. Après Nana et Pot-bouille, Germinal connaît un grand succès en 1885 : le livre est l'histoire d'une grève et le roman d'Étienne Lantier, révolté, fils de la Gervaise de l'Assommoir. Zola, chef de l'école naturaliste, réunit ses amis dans sa propriété de Médan.

Après la mort de Hugo, il est l'écrivain le plus célèbre de France avec trente romans et des milliers d'articles. Le 13 janvier 1898, convaincu de l'innocence du capitaine Dreyfus, Zola accuse dans l'Aurore l'état-major de forfaiture ; L'affaire Dreyfus éclate et va durer près de 12 ans. Dreyfus ne sera réhabilité qu'en 1906, mais l'écrivain ne verra pas le triomphe de sa cause : au matin du 29 septembre 1902, on retrouve Zola et son épouse asphyxiés dans leur chambre.

Lectures sans frontières est une nouvelle collection qui présente les plus grands classiques de la littérature ainsi que des œuvres de fiction particulièrement captivantes. La diversité des thèmes proposés permet au lecteur de choisir son type d'histoire préféré afin de joindre l'utile à l'agréable, et de perfectionner son français tout en s'amusant. Tous les livres sont écourtés et simplifiés de manière à correspondre au niveau d'un lecteur moyen. Les textes ont été adaptés en altérant le moins possible l'œuvre des auteurs afin de permettre aux lecteurs d'apprécier la langue et le style employés dans la version originale, non raccourcie. Des notes en bas de page facilitent la compréhension du texte. Chaque livre comprend divers exercices permettant de revoir des points de grammaire et d'entraîner les élèves à la rédaction.

● ●

ADAPTATION, NOTES ET EXERCICES OLIVIER BÉGUIN
RÉVISION BÉRÉNICE CAPATTI
ILLUSTRATION DE COUVERTURE VIVIANE PIGEON
EDITING FIONA FRANDY

I. UN HOMME CHERCHE DU TRAVAIL

Dans la plaine rase, sous la nuit sans étoiles, d'une obscurité et d'une épaisseur d'encre, un homme suivait seul la grande route de Marchiennes[1] à Montsou[2], dix kilomètres de pavé coupant tout droit, à travers les champs de betteraves. Devant lui, il ne voyait même pas le sol noir, et il n'avait la sensation de l'immense horizon plat que par les souffles du vent de mars, des rafales larges comme sur une mer.

L'homme était parti de Marchiennes vers deux heures. Il marchait d'un pas allongé, grelottant sous le coton aminci de sa veste et de son pantalon de velours. Une seule idée occupait sa tête vide d'ouvrier sans travail et sans gîte, l'espoir que le froid serait moins vif après le lever du jour. Depuis une heure, il avançait ainsi, lorsque sur la gauche, à deux kilomètres de Montsou, il aperçut des feux rouges, trois brasiers brûlant au plein air, et comme suspendus. D'abord il hésita, pris de crainte, puis, il ne put résister au besoin douloureux de se chauffer un instant les mains.

Au ras du sol, un autre spectacle venait de l'arrêter. C'était une masse lourde, un tas écrasé de constructions, d'où se dressait la silhouette d'une cheminée d'usine ; de rares lueurs sortaient des fenêtres encrassées, cinq ou six lanternes tristes étaient pendues dehors, à des charpentes dont les bois noircis alignaient vaguement des profils de tréteaux gigantesques ; et, de cette apparition fantastique, noyée de nuit et de fumée, une seule voix montait, la respiration grosse et longue d'un échappement de vapeur, qu'on ne voyait point.

1. **Marchiennes** (n) : ville du Nord de la France, près de Lille.
2. **Montsou** (n) : ville du Nord de la France, près de Lille.

Alors, l'homme reconnut une fosse[1]. Il fut repris de honte : à quoi bon ? Il n'y aurait pas de travail. Au lieu de se diriger vers les bâtiments, il se risqua enfin à gravir le terri[2] sur lequel brûlaient les trois feux de houille[3], dans des corbeilles de fonte, pour éclairer et réchauffer la besogne.

II. RENCONTRE AVEC UN VIEUX MINEUR

Bonjour, dit-il en s'approchant d'une des corbeilles. Tournant le dos au brasier, le charretier[1] était debout, un vieillard vêtu d'un tricot de laine violette, coiffé d'une casquette en poil de lapin ;

— Bonjour, répondit le vieux.

Un silence se fit. L'homme, qui se sentait regardé d'un oeil méfiant, dit son nom tout de suite.

— Je me nomme Étienne Lantier, je suis machineur[5]... il n'y a pas de travail ici ?

Les flammes l'éclairaient, il devait avoir vingt et un ans, très brun, joli homme, l'air fort malgré ses membres menus.

— Du travail pour un machineur, non, non... Il s'en est encore présenté deux hier. Il n'y a rien.

— C'est une fosse, n'est-ce pas ?

Le vieux, cette fois, ne put répondre. Un violent accès de toux l'étranglait. Enfin, il cracha et son crachat, sur le sol empourpré, laissa une tache noire.

1. **fosse (n)** : puits d'une exploitation houillère.
2. **terri (n)** : ou terril monticule de déchets miniers ou métal-lurgiques, au voisinage d'une mine.
3. **houille (n)** : synonyme de charbon, combustible minéral.
4. **charretier (n)** : personne qui conduit une charrette, tirée par des animaux.
5. **machineur (n)** : mécanicien.

— Oui, une fosse, le Voreux… Tenez, le coron[1] est tout près.

— Il y a des fabriques à Montsou ? demanda le jeune homme.

Le vieux cracha noir, puis il répondit dans le vent :

— Oh ! Ce ne sont pas les fabriques qui manquent. Fallait voir ça, il y a trois ou quatre ans ! Tout ronflait, on ne pouvait trouver des hommes, jamais on n'avait tant gagné… Et voilà qu'on se remet à se serrer le ventre. Une vraie pitié dans le pays, on renvoie le monde, les ateliers ferment les uns après les autres… Ce n'est peut-être pas la faute de l'empereur[2] ; mais pourquoi va-t-il se battre en Amérique ? Sans compter que les bêtes meurent du choléra, comme les gens.

Alors en courtes phrases, l'haleine coupée, tous deux continuèrent à se plaindre. Étienne raçontait ses courses inutiles depuis une semaine ; il fallait donc crever de faim ? Bientôt les routes seraient pleines de mendiants. Oui, disait le vieillard, ça finirait par mal tourner, car il n'était pas Dieu permis de jeter tant de chrétiens dans la rue.

— Vous êtes peut-être de la Belgique ? reprit derrière Étienne le charretier, qui était revenu.

— Non, je suis du midi , répondit le jeune homme.

— Moi, dit-il, je suis de Montsou, je m'appelle Bonnemort.

— C'est un surnom ? demanda Étienne étonné.

Le vieux eut un ricanement d'aise, et montrant le Voreux :

— Oui, oui… On m'a retiré trois fois de là-dedans en morceaux, une fois avec tout le poil roussi, une autre avec

1. **coron (n)** : ensemble de maisons semblables construites par la Compagnie pour loger les mineurs.
2. **empereur (n)** : l'histoire se passe en 1866-67, il s'agit de Napoléon III.

de la terre jusque dans le gésier[1], la troisième avec le ventre gonflé d'eau comme une grenouille… Alors, quand ils ont vu que je ne voulais pas crever, ils m'ont appelé Bonnemort, pour rire.

— Il y a longtemps que vous travaillez à la mine ?

— Longtemps, ah ! Oui !… Je n'avais pas huit ans, lorsque je suis descendu, tenez ! Juste dans le Voreux, et j'en ai cinquante-huit, à cette heure. Calculez un peu… J'ai tout fait là-dedans, galibot[2] d'abord, puis hersheur[3], quand j'ai eu la force de rouler, puis haveur[4] pendant dix-huit ans. Ensuite à cause de mes sacrées jambes, ils m'ont mis de la coupe à terre, remblayeur[5], raccommodeur[6], jusqu'au moment où il leur a fallu me sortir du fond, parce que le médecin disait que j'allais y rester. Alors, il y a cinq années de cela, ils m'ont fait charretier… Hein ? C'est joli, cinquante ans de mine, dont quarante-cinq au fond !

— Ils me disent de me reposer, continua-t-il. Moi je ne veux pas, ils me croient trop bête !… J'irai bien deux années, jusqu'à ma soixantaine, pour avoir la pension de cent quatre-vingt francs. Si je leur souhaitais le bonsoir aujourd'hui, ils m'accorderaient tout de suite celle de cent cinquante. Ils sont malins, les bougres !… D'ailleurs, je suis solide, à part les jambes. C'est voyez-vous, l'eau qui m'est entrée sous la peau, à force d'être arrosé dans les tailles[7]. Il y

1. **gésier (n)** : désigne la gorge ici.
2. **galibot (n)** : apprenti chargé de la manœuvre des berlines sur le plan incliné.
3. **hersheur (n)** : mineur chargé de remplir les berlines et de les pousser jusqu'au plan incliné.
4. **haveur (n)** : ouvrier chargé de l'abattage, qui détache le charbon de la veine.
5. **remblayeur (n)** : ouvrier chargé du remblai, qui rapporte des terres pour combler une cavité.
6. **raccommodeur (n)** : synonyme de réparateur.
7. **taille (n)** : petite galerie dans une veine de houille.

a des jours où je ne peux pas remuer une patte sans crier.

Une crise de toux l'interrompit encore.

— Est-ce que c'est du sang ? demanda Étienne, osant enfin le questionner.

— C'est du charbon... J'en ai dans la carcasse de quoi me chauffer jusqu'à la fin de mes jours. Et voilà cinq ans que je ne remets pas les pieds au fond. J'avais ça en magasin, paraît-il, sans même m'en douter. Bah ! Ça conserve !

La famille travaillait pour la Compagnie des mines de Montsou, depuis la création ; et cela datait de loin, il y avait déjà cent six ans. On faisait ça de père en fils, comme on aurait fait autre chose. Son fils, Toussaint Maheu, y crevait maintenant, et ses petit-fils, et tout son monde, qui logeait en face, dans le coron. Cent six ans d'abattage[1], les mioches[2] après les vieux, pour le même patron : hein ? Beaucoup de bourgeois n'auraient pas su dire si bien leur histoire !

III. LE RÉVEIL CHEZ LES MAHEU

Au milieu des champs de blé et de betteraves, le coron des Deux-cent-Quarante dormait sous la nuit noire. On distinguait vaguement les quatre immenses corps de petites maisons adossées, des corps de caserne ou d'hôpital, géométriques, parallèles, que séparaient les trois larges avenues, divisées en jardins égaux. Chez les Maheu, au numéro 16 du deuxième corps, rien ne bougeait.

Quatre heures sonnèrent au coucou de la salle du rez-de-chaussée, rien encore ne remua, des haleines grêles sifflaient, accompagnées de deux ronflements sonores. Et brusquement, ce fut Catherine qui se leva.

1. **abattage (n)** : action de détacher le charbon de la veine.
2. **mioche (n)** : synonyme d'enfant (registre familier).

La chandelle éclairait la chambre, carrée, à deux fenêtres, que trois lits emplissaient. Il y avait une armoire, une table, deux chaises de vieux noyer, dont le ton fumeux tachait durement les murs, peints en jaune clair. Et rien autre, des hardes[1] pendues à des clous, une cruche posée sur le carreau, près d'une terrine rouge servant de cuvette.

Dans le lit de gauche, Zacharie, l'aîné, un garçon de vingt et un ans, était couché avec son frère Jeanlin, qui achevait sa onzième année ; dans celui de droite, deux mioches, Lénore et Henri, la première de six ans, le second de quatre, dormaient aux bras l'un de l'autre ; tandis que Catherine partageait le troisième lit avec sa sœur Alzire, si chétive[2] pour ses neuf ans qu'elle ne l'aurait même pas sentie près d'elle, sans la bosse de la petite infirme qui lui enfonçait les côtes. La porte vitrée était ouverte, on apercevait le couloir du palier, l'espèce de boyau[3] où le père et la mère occupaient un quatrième lit, contre lequel ils avaient dû installer le berceau de la dernière venue, Estelle, âgée de trois mois à peine.

Catherine fit un effort désespéré. Fluette pour ses quinze ans, elle ne montrait de ses membres, hors du fourreau étroit de sa chemise, que des pieds bleus, comme tatoués de charbon, et des bras délicats, dont la blancheur de lait tranchait sur le teint blême du visage, déjà gâté par les continuels lavages au savon noir. Un dernier bâillement ouvrit sa bouche un peu grande, aux dents superbes dans la pâleur chlorotique des gencives ; pendant que ses yeux gris pleuraient de sommeil combattu, avec une expression douloureuse et brisée, qui semblait enfler de fatigue sa nudité entière.

---

1. **hardes (n)** : vêtements pauvres et usagés.
2. **chétif/ve (adj)** : de faible constitution.
3. **boyau (n)** : passage étroit faisant communiquer des sections plus importantes.

Mais un grogrement arriva du palier, la voix de Maheu bégayait, empâtée :

— Sacré nom ! Il est l'heure... C'est toi qui allumes, Catherine ?

— Oui, père... ça vient de sonner, en bas.

Catherine fut prête la première. Elle enfila sa culotte de mineur, passa la veste de toile, noua le béguin[1] bleu autour de son chignon ; et, dans ces vêtements propres du lundi, elle avait l'air d'un petit homme, rien ne lui restait de son sexe, que le dandinement léger des hanches.

Devant le buffet ouvert, Catherine réfléchissait. Il ne restait qu'un bout de pain, du fromage blanc en suffisance, mais à peine une lichette de beurre ; et il s'agissait de faire les tartines pour eux quatre. Enfin, elle se décida, coupa les tranches, en prit une qu'elle couvrit de fromage, en frotta une autre de beurre, puis les colla ensemble : c'était « le briquet », la double tartine emportée chaque matin à la fosse. Bientôt les quatre briquets furent en rang sur la table, répartis avec une sévère justice, depuis le gros du père jusqu'au petit de Jeanlin.

Puis Catherine avait recouvert le feu, en calant, sur un coin de la grille, un restant de soupe, que le grand-père trouverait chaude, lorsqu'il rentrerait à six heures. Chacun prit sa paire de sabots sous le buffet, se passa la ficelle de sa gourde à l'épaule, et fourra son briquet dans son dos, entre la chemise et la veste. Et ils sortirent, les hommes devant, la fille derrière, soufflant la chandelle, donnant un tour de clef. La maison redevint noire.

IV. ÉTIENNE TROUVE DU TRAVAIL

Étienne, descendu enfin du terri, venait d'entrer au Voreux.

1. **béguin** (n) : coiffe qui s'attache sous le menton par une bride.

Devant lui, brusquement, deux yeux jaunes, énormes, trouèrent les ténèbres. Il était sous le beffroi[1], dans la salle de recette, à la bouche même du puits.

Un porion[2], le père Richomme, un gros à figure de bon gendarme, barrée de moustaches grises, se dirigeait justement vers le bureau du receveur.

— On n'a pas besoin d'un ouvrier ici, pour n'importe quel travail ? demanda de nouveau Étienne.

— Attendez M. Dansaert, le maître porion.

Étienne, à la longue, fut repris du malaise qu'il avait éprouvé déjà sur le terri. Pourquoi s'entêter ? Ce maître porion le congédierait comme les autres. C'est alors qu'il rencontra une nouvelle bande de charbonniers, qui arrivait à la fosse. C'étaient les Maheu et les Levaque. Quand il aperçut, en tête, Catherine avec son air doux de garçon, l'idée superstitieuse lui vint de risquer une dernière demande.

— Dites donc, camarade, on n'a pas besoin d'un ouvrier pour n'importe quel travail ?

Derrière elle, Maheu avait entendu. Non, on n'avait besoin de personne.

Les Maheu arrivaient à la grande baraque où, ce matin-là, on plaisantait la Mouquette, une herscheuse de dix-huit ans, bonne fille dont la gorge et le derrière énormes crevaient la veste et la culotte. Elle se rendait seule à la fosse ; et, au milieu des blés en été, contre un mur en hiver, elle se donnait du plaisir, en compagnie de son amoureux de la semaine. Toute la mine y passait, une vraie tournée de camarades, sans autre conséquence.

Mouquette raconta à Maheu que Fleurance, la grande Fleurance ne viendrait plus : on l'avait trouvée, la veille, raide sur son lit. Et Maheu se désespérait : encore de la malchance, voilà qu'il perdait une de ses herscheuses, sans

1. **beffroi (n)** : tour de bois située à l'entrée du puits de mine.
2. **porion (n)** : contremaître dans une mine.

pouvoir la remplacer immédiatement ! Il travaillait au marchandage, ils étaient quatre haveurs associés dans sa taille, lui, Zacharie, Levaque et Chaval. S'ils n'avaient plus que Catherine pour rouler, la besogne allait souffrir. Tout d'un coup, il cria :

— Tiens ! Et cet homme qui cherchait de l'ouvrage !

Justement, Dansaert passait devant la baraque. Maheu lui conta l'histoire, demanda l'autorisation d'embaucher l'homme ; et il insistait sur le désir que témoignait la Compagnie de substituer aux herscheuses des garçons, comme à Anzin. Après avoir hésité, il permit, mais en se réservant de faire ratifier sa décision par M. Négrel, l'ingénieur.

Étienne se décidait à partir, lorsqu'il sentit une main se poser sur son épaule.

— Venez, dit Catherine, il y a quelque chose pour vous.

D'abord, il ne comprit pas. Puis, il eut un élan de joie, il serra énergiquement les mains de la jeune fille.

— Merci, camarade… Ah ! Vous êtes un bon bougre, par exemple !

Elle se mit à rire, en le regardant dans la rouge lueur des foyers qui les éclairaient. Cela l'amusait, qu'il la prît pour un garçon, fluette[1] encore, son chignon caché sous le béguin. Lui, riait aussi de contentement ; et ils restèrent un instant tous deux à se rire à la face, les joues allumées.

V. LA DÉSCENTE AVEC UN DRÔLE DE GARÇON

Maheu, dans la baraque, accroupi devant sa caisse, retirait ses sabots et ses gros bas de laine. Lorsque Étienne fut là, on régla tout en quatre paroles : trente sous par jour, un travail fatigant, mais qu'il apprendrait vite.

1. **fluet/te (adj)** : mince et d'apparence frêle (corps ou partie du corps).

Les outils furent sortis de la caisse, où se trouvait justement la pelle de Fleurance.

Il entra avec Catherine dans la lampisterie[1], une pièce vitrée, emplie de râteliers qui alignaient par étages des centaines de lampes Davy, visitées, lavées de la veille, allumées comme des cierges au fond d'une chapelle ardente. Au guichet, chaque ouvrier prenait la sienne, poinçonnée à son chiffre ; pendant que le marqueur, assis à une table, inscrivait sur le registre l'heure de la descente.

La cage, garnie de bandes de tôle et d'un grillage à petites mailles, les attendait, d'aplomb sur les verrous[2]. Maheu, Zacharie, Levaque, Catherine se glissèrent dans une berline[3] du fond ; et, comme ils devaient y tenir cinq, Étienne y entra à son tour ; mais les bonnes places étaient prises, il lui fallut se tasser près de la jeune fille, dont un coude lui labourait le ventre. Enfin, une secousse l'ébranla, et tout sombra, les objets autour de lui s'envolèrent ; tandis qu'il éprouvait un vertige anxieux de chute, qui lui tirait les entrailles. Tombé dans le noir de la fosse, il resta étourdi, n'ayant plus la perception nette de ses sensations.

— Nous voilà partis, dit paisiblement Maheu.

Tous étaient à l'aise. Lui, par moments, se demandait s'il descendait ou s'il montait.

Maheu continua : — Tenez ! Nous arrivons au niveau, entendez-vous ? Étienne se demandait justement quel était ce bruit d'averse. Quelques grosses gouttes avaient d'abord sonné sur le toit de la cage, comme au début d'une ondée ; et, maintenant, la pluie augmentait, ruisselait, se changeait en un véritable déluge.

1. **lampisterie** (n) : lieu où l'on entrepose et entretient les lampes.
2. **verrou** (n) : système de fermeture (pièce de métal s'engageant dans un crampon ou une gâchette et coulissant horizontalement).
3. **berline** (n) : benne roulante, chariot pour le transport de la houille.

— C'est le premier accrochage[1]. Nous sommes à trois cent vingt mètres… Regardez la vitesse.

Levant sa lampe, il éclaira un madrier[2] des guides, qui filait ainsi qu'un rail sous un train lancé à toute vapeur ; et, au-delà, on ne voyait toujours rien. Trois autres accrochages passèrent, dans un envolement de clartés. La pluie assourdissante battait les ténèbres.

— Comme c'est profond ! murmura Étienne.

Cette chute devait durer depuis des heures. Il souffrait de la fausse position qu'il avait prise, n'osant bouger, torturé surtout par le coude de Catherine. Lorsque la cage, enfin, s'arrêta au fond, à cinq cent cinquante-quatre mètres, il s'étonna d'apprendre que la descente avait duré juste une minute.

En sortant de la cage, quatre galeries[3] s'ouvraient, béantes.

— Par ici, dit Maheu à Étienne. Vous n'y êtes pas. Nous avons à faire deux bons kilomètres.

Les ouvriers se séparaient, se perdaient par groupes, au fond de ces trous noirs. Un par un, ils allaient, ils allaient toujours, sans une parole, avec les petites flammes des lampes. Le jeune homme butait à chaque pas, s'embarrassait les pieds dans les rails.

Plus loin, un carrefour se présenta, deux nouvelles galeries s'ouvraient, et la bande s'y divisa encore, les ouvriers se répartissaient peu à peu dans tous les chantiers de la mine. À mesure qu'on avançait, la galerie devenait plus étroite, plus basse, inégale de toit, forçant les échines à se plier sans cesse.

Étienne, rudement, se heurta la tête. Pourtant, il sui-

---

1. **accrochage** (n) : palier du puits où "s'accrochent" dans la cage de l'ascenseur les berlines vides et les berlines pleines.
2. **madrier** (n) : planche très épaisse.
3. **galerie** (n) : passage souterrain permettant l'exploitation d'une mine.

vait avec attention, devant lui, les moindres gestes de Maheu, dont la silhouette sombre se détachait sur la lueur des lampes. Ce qui l'étonnait surtout, c'étaient les brusques changements de température. En bas du puits, il faisait très frais, et dans la galerie de roulage[1], par où passait tout l'air de la mine, soufflait un vent glacé. Ensuite, à mesure qu'on s'enfonçait dans les autres voies, le vent tombait, la chaleur croissait, une chaleur suffocante, d'une pesanteur de plomb.

Maheu n'avait plus ouvert la bouche. Il prit à droite une nouvelle galerie, en disant simplement à Étienne, sans se tourner :

— La veine[2] Guillaume.

— C'était la veine où se trouvait leur taille. Dès les premières enjambées, Étienne se meurtrit de la tête et des coudes. Le toit en pente descendait si bas, que, sur des longueurs de vingt et trente mètres, il devait marcher cassé en deux. L'eau arrivait aux chevilles. Tout d'un coup, il vit disparaître Levaque, Zacharie et Catherine, qui semblaient s'être envolés par une fissure mince, ouverte devant lui.

— Il faut monter, reprit Maheu. Pendez votre lampe à une boutonnière[3] et accrochez-vous aux bois. Lui-même disparut. Étienne dut le suivre.

Quinze mètres plus haut, on rencontra la première voie secondaire, mais il fallut continuer. Étienne râlait, comme si le poids des roches lui eût broyé les membres, les mains arrachées, les jambes meurtries, manquant d'air surtout, au point de sentir le sang lui crever la peau. La sueur l'aveuglait, il désespérait de rattraper les autres, dont il entendait les membres agiles frôler le roc d'un long glissement.

— Courage, ça y est, dit la voix de Catherine.

1. **roulage (n)** : transport souterrain du charbon dans une mine.
2. **veine (n)** : filon mince dans le gisement d'un minéral.
3. **boutonnière (n)** : petite fente faite à un vêtement pour y passer un bouton.

Mais, comme il arrivait en effet, une autre voix cria du fond de la taille :

— Eh bien, quoi donc ? Est-ce qu'on se fout du monde... ? J'ai deux kilomètres à faire de Montsou, et je suis là le premier !

C'était Chaval, un grand maigre de vingt-cinq ans, osseux, les traits forts, qui se fâchait d'avoir attendu. Lorsqu'il aperçut Étienne, il demanda, avec une surprise de mépris :

— Qu'est-ce que c'est que ça ?

Et Maheu lui ayant conté l'histoire, il ajouta entre les dents :

— Alors, les garçons mangent le pain des filles !

Les deux hommes échangèrent un regard, allumé d'une des ces haines d'instinct qui flambent subitement. Étienne avait senti l'injure, sans comprendre encore. Un silence régna, tous se mettaient au travail.

Le puits dévorateur avait avalé sa ration quotidienne d'hommes, près de sept cents ouvriers, qui besognaient à cette heure dans cette fourmilière géante, trouant la terre de toutes parts, la criblant ainsi qu'un vieux bois piqué des vers. Et, au milieu du silence lourd, de l'écrasement des couches profondes, on aurait pu, l'oreille collée à la roche, entendre le branle[1] de ces insectes humains en marche, depuis le vol du câble qui montait et descendait la cage d'extraction, jusqu'à la morsure des outils entamant la houille, au fond des chantiers d'abattage.

Étienne, en se tournant, se trouva de nouveau serré contre Catherine. Mais, cette fois, il devina les rondeurs naissantes de la gorge, il comprit tout d'un coup cette tiédeur qui l'avait pénétré.

— Tu es donc une fille ! murmura-t-il, stupéfait.

Elle répondit de son air gai, sans rougeur :

— Mais oui... Vrai ! tu y as mis le temps !

---

1. **branle (n)** : *ici,* synonyme de mouvement, action.

VI. ÉTIENNE AU TRAVAIL

Les quatre haveurs venaient de s'allonger les uns au-dessus des autres, sur toute la montée du front de taille. Ils devaient, pour attaquer la houille, rester couchés sur le flanc, le cou tordu, les bras levés et brandissant de biais la rivelaine[1], le pic à manche court.

En bas, il y avait d'abord Zacharie ; Levaque et Chaval s'étageaient au-dessus ; et, tout en haut enfin, était Maheu. Chacun havait le lit de schiste, qu'il creusait à coup de rivelaine ; puis, il pratiquait deux entailles verticales dans la couche, et il détachait le bloc en enfonçant un coin de fer, à la partie supérieure.

— Eh ! L'aristo[2] ! cria Zacharie à Étienne, passe-moi des bois.

Étienne, qui apprenait de Catherine à manœuvrer sa pelle, dut monter des bois dans la taille. Il y en avait de la veille une petite provision. Chaque matin, d'habitude, on les descendait, tout coupés sur la mesure de la couche.

— Dépêche-toi, sacrée flemme ! reprit Zacharie, en voyant le nouveau herscheur se hisser gauchement au milieu du charbon, les bras embarrassés de quatre morceaux de chêne.

Il faisait, avec son pic, une entaille dans le toit, puis une autre dans le mur ; et il y calait les deux bouts du bois, qui étayait ainsi la roche.

Et Catherine reprit sa leçon, en fille obligeante.

Chaque berline chargée arrivait au jour telle qu'elle partait de la taille, marquée d'un jeton spécial pour que le receveur pût la mettre au compte du chantier. Aussi

---

1. **rivelaine (n)** : le pic du mineur qui sert à détacher le charbon.
2. **aristo (n)** : abréviation d'aristocrate, parce qu'Étienne a des manières raffinées.

devait-on avoir grand soin de l'emplir et de ne prendre que le charbon propre : autrement, elle était refusée à la recette[1].

Le jeune homme, dont les yeux s'habituaient à l'obscurité, la regardait, blanche encore, avec son teint de chlorose[2] ; et il n'aurait pu dire son âge, il lui donnait douze ans, tellement elle lui semblait frêle. Pourtant, il la sentait plus vieille, d'une liberté de garçon, d'une effronterie naïve, qui le gênait un peu : elle ne lui plaisait pas, il trouvait trop gamine sa tête blafarde de Pierrot, serrée aux tempes par le béguin. Mais ce qui l'étonnait, c'était la force de cette enfant, une force nerveuse où il entrait beaucoup d'adresse. Elle emplissait sa berline plus vite que lui, à petits coups de pelle réguliers et rapides ; elle la poussait ensuite jusqu'au plan incliné, d'une seule poussée lente, sans accrocs, passant à l'aise sous les roches basses. Lui, se massacrait, déraillait, restait en détresse.

Au plan incliné, c'était une corvée nouvelle. Elle lui apprit à emballer vivement sa berline. En haut et en bas de ce plan, qui desservait toutes les tailles, d'un accrochage à un autre, se trouvait un galibot, le freineur[3] en haut, le receveur[4] en bas.

Chaval se tournait, restait un instant sur le dos, à injurier Étienne, dont la présence, décidément, l'exaspérait.

— Espèce de couleuvre ! Ça n'a pas la force d'une fille !... Et veux-tu remplir ta berline ! Hein ? C'est pour ménager tes bras... Nom de Dieu ! Je te retiens les dix sous, si tu nous en fais refuser une !

Le jeune homme évitait de répondre, trop heureux

1. **recette** (**n**) : endroit où l'on "reçoit" la production de charbon.
2. **chlorose** (**n**) : anémie par manque de fer, caractérisée par une pâleur verdâtre de la peau.
3. **freineur** (**n**) : ouvrier chargé de freiner la berline.
4. **receveur** (**n**) : ouvrier chargé de recevoir la berline à l'accrochage.

d'avoir trouvé ce travail de bagne, acceptant la brutale hiérarchie du manœuvre et du maître ouvrier.

Mais il n'allait plus, les pieds en sang, les membres tordus de crampes atroces, le tronc serré dans une ceinture de fer. Heureusement, il était dix heures, le chantier se décida à déjeuner.

VII. LA PAUSE DE 10 HEURES

Chacun, ayant sorti son briquet, mordait gravement à l'épaisse tranche, en lâchant de rares paroles sur le travail de la matinée. Catherine, demeurée debout, finit par rejoindre Étienne, qui s'était allongé plus loin, en travers des rails, le dos contre les bois. Il y avait là une place à peu près sèche.

— Tu ne manges pas ? demanda-t-elle, la bouche pleine, son briquet à la main.

Déjà, elle avait rompu les tartines en deux. Le jeune homme, prenant sa moitié, se retint pour ne pas dévorer d'un coup. Catherine le regarda un moment en silence. Elle devait le trouver joli, avec son visage fin et ses moustaches noires. Vaguement, elle souriait de plaisir.

— Alors, tu es machineur, et on t'a renvoyé de ton chemin de fer. Pourquoi ?

— Parce que j'avais giflé mon chef.

Elle demeura stupéfaite, bouleversée dans ses idées héréditaires de subordination, d'obéissance passive.

— Je dois dire que j'avais bu, continua-t-il, et quand je bois, cela me rend fou, je me mangerais et je mangerais les autres… Oui, je ne peux pas avaler deux petits verres, sans avoir le besoin de manger un homme… .Ensuite, je suis malade pendant deux jours.

— Il ne faut pas boire, dit-elle sérieusement.

— Ah ! N'aie pas peur, je me connais !

Et il hochait[1] la tête, il avait une haine de l'eau-de-vie, la haine du dernier enfant d'une race d'ivrognes, qui souffrait dans sa chair de toute cette ascendance trempée et détraquée[2] d'alcool, au point que la moindre goutte en était devenue pour lui un poison.

— C'est à cause de maman que ça m'ennuie d'avoir été mis à la rue, dit-il, après avoir avalé une bouchée. Maman n'est pas heureuse, et je lui envoyais de temps à autre une pièce de cent sous.

— Où est-elle donc, ta mère ?

— À Paris… Blanchisseuse, rue de la Goutte-d'Or !

Il y eut un silence.

— Maintenant, reprit-il d'une voix lente, ce n'est pas avec trente sous que je pourrai lui faire des cadeaux… Elle va crever de misère, c'est sûr.

— Veux-tu boire ? Demanda Catherine qui débouchait sa gourde. Oh ! C'est du café, ça ne te fera pas de mal.

— Pour te faire plaisir, dit-il, en buvant et en lui rendant la gourde.

Elle avala une seconde gorgée, le força à en prendre une aussi, voulant partager, disait-elle ; et ce goulot[3] mince, qui allait d'une bouche à l'autre les amusait. Lui, brusquement, s'était demandé s'il ne devait pas la saisir dans ses bras, pour la baiser sur les lèvres. Elle avait de grosses lèvres d'un rose pâle, avivées par le charbon, qui le tourmentaient d'une envie croissante. Mais il n'osait pas, intimidé devant elle, ignorant comment on devait s'y prendre avec une ouvrière encore dans sa famille.

— Tu dois avoir quatorze ans alors ?

— Comment ! Quatorze ! Mais j'en ai quinze !... C'est vrai, je ne suis pas grosse. Les filles, chez nous, ne poussent guère vite.

---

1. **hocher (v)** : secouer la tête de haut en bas pour approuver.
2. **détraqué (adj)** : dérangé dans son fonctionnement.
3. **goulot (n)** : col étroit d'un récipient.

Il continua à la questionner, elle disait tout, sans effronterie ni honte. Du reste, elle n'ignorait rien de l'homme ni de la femme, bien qu'il la sentît vierge de corps, et vierge enfant, retardée dans la maturité de son sexe par le milieu de mauvais air et de fatigue où elle vivait.

Comme il désirait savoir si elle-même n'avait pas d'amoureux, elle répondit en plaisantant qu'elle ne voulait pas contrarier sa mère, mais que cela arriverait forcément un jour.

Elle était décidément très gentille. Quand elle aurait fini sa tartine, il la prendrait et la baiserait sur ses grosses lèvres roses. C'était une résolution de timide, une pensée de violence qui étranglait sa voix. Ces vêtements de garçon, cette veste et cette culotte sur cette chair de fille, l'excitaient et le gênaient. Lui, avait avalé sa dernière bouchée. Il but à la gourde, la lui rendit pour qu'elle la vidât. Maintenant, le moment d'agir était venu, et il jetait un coup d'œil inquiet vers les mineurs, au fond, lorsqu'une ombre boucha la galerie.

Depuis un instant, Chaval, debout, les regardait de loin. Il s'avança, s'assura que Maheu ne pouvait le voir ; et, comme Catherine était restée à terre, sur son séant[1], il l'empoigna par les épaules, lui renversa la tête, lui écrasa la bouche sous un baiser brutal, tranquillement, en affectant de ne pas se préoccuper d'Étienne. Il y avait, dans ce baiser, une prise de possession, une sorte de décision jalouse.

Cependant, la jeune fille s'était révoltée.

— Laisse-moi, entends-tu !

Il lui maintenait la tête, il la regardait au fond des yeux. Ses moustaches et sa barbiche rouges flambaient dans son visage noir, au grand nez en bec d'aigle. Et il la lâcha enfin, et il s'en alla, sans dire un mot.

Un frisson avait glacé Étienne. C'était stupide d'avoir

1. **sur son séant** : en position assise.

attendu. Certes, non, à présent, il ne l'embrasserait pas, car elle croirait peut-être qu'il voulait faire comme l'autre. Dans sa vanité blessée, il éprouvait un véritable désespoir.

— Pourquoi as-tu menti ? Dit-il à voix basse. C'est ton amoureux.

— Mais non, je te jure ! Cria-t-elle. Il n'y a pas de ça entre nous. Des fois, il veut rire... Même qu'il n'est pas d'ici, voilà six mois qu'il est arrivé du Pas-de-Calais.

En bas, ils se trouvèrent seuls. L'idée qu'elle était une fille lui causait un malaise, parce qu'il se sentait bête de ne pas l'embrasser, et que le souvenir de l'autre l'en empê-chait. Assurément, elle lui avait menti : l'autre était son amant, ils couchaient ensemble sur tous les tas d'escaillage[1], car elle avait déjà le déhanchement[2] d'une gueuse[3]. Sans raison, il la boudait, comme si elle l'eût trompé. Elle pourtant, à chaque minute, se tournait, l'avertissait d'un obstacle, semblait l'inviter à être aimable. On était si perdu, on aurait si bien pu rire en bons amis ! Enfin, ils débouchèrent dans la galerie de roulage, ce fut pour lui un soulagement à l'indécision dont il souffrait ; tandis qu'elle, une dernière fois, eut un regard attristé, le regret d'un bonheur qu'ils ne retrouveraient plus.

VIII. ÉTIENNE DÉCIDE DE S'INSTALLER À MONTSOU

Dans la cage qui le remontait, tassé avec quatre autres, Étienne résolut de reprendre sa course affamée, le long des routes. Autant valait-il crever tout de suite que de redescendre au fond de cet enfer, pour n'y pas même

1. **tas d'escaillage** : régionalisme pour tas de cailloux.
2. **déhanchement (n)** : mouvement d'une personne qui se balance sur ses hanches en marchant.
3. **gueuse (n)** : *ici*, synonyme de femme de mauvaise vie, catin, prostituée.

gagner son pain. Avec son instruction plus large, il ne se sentait pas la résignation de ce troupeau, il finirait par étrangler[1] quelque chef.

Devait-il rester ? Une hésitation l'avait repris, un malaise qui lui faisait regretter la liberté des grandes routes, la faim au soleil, soufferte avec la joie d'être son maître. Il lui semblait qu'il avait vécu là des années, depuis son arrivée sur le terri, au milieu des bourrasques[2], jusqu'aux heures passées sous la terre, à plat ventre dans les galeries noires. Et il lui répugnait de recommencer, c'était injuste et trop dur, son orgueil d'homme se révoltait, à l'idée d'être une bête qu'on aveugle et qu'on écrase.

Puis, brusquement, il se décida. Peut-être avait-il cru revoir les yeux clairs de Catherine, là-haut, à l'entrée du coron. Peut-être était-ce plutôt un vent de révolte, qui venait du Voreux. Il ne savait pas, il voulait redescendre dans la mine pour souffrir et se battre, il songeait violemment à ces gens dont parlait Bonnemort, à ce dieu repu[3] et accroupi, auquel dix mille affamés donnaient leur chair sans le connaître.

IX. UNE VISITE CHEZ LES GRÉGOIRE

Ce matin-là, les Grégoire s'étaient levés à huit heures. D'habitude, ils ne bougeaient guère qu'une heure plus tard, dormant beaucoup, avec passion ; Mme Grégoire venait de descendre à la cuisine, en pantoufles et en peignoir de flanelle. Courte, grasse, âgée déjà de cin-

---

1. **étrangler** (v) : priver de respiration par une forte compression du cou.
2. **bourrasque** (n): coup de vent impétueux et de courte durée.
3. **repu** (v) : qui a mangé à satiété, gavé, rassasié.

quante-huit ans, elle gardait une grosse figure poupine[1] et étonnée sous la blancheur éclatante de ses cheveux.

— Mélanie, dit-elle à la cuisinière, si vous faisiez la brioche ce matin, puisque la pâte est prête. Mademoiselle ne se lèvera pas avant une demi-heure, et elle en mangerait avec son chocolat... Hein ! Ce serait une surprise.

Mme Grégoire, qui avait médité dans son lit la surprise de la brioche, resta pour voir mettre la pâte au four. La cuisine était immense, et on la devinait la pièce importante, à la propreté extrême, à l'arsenal des casseroles, des ustensiles, des pots qui l'emplissaient. Cela sentait bon la bonne nourriture. Des provisions débordaient des râteliers[2] et des armoires.

M. Grégoire, très jeune, avait épousé la fille d'un pharmacien de Marchiennes, une demoiselle laide, sans un sou, qu'il adorait et qui lui avait tout rendu, en félicité. Elle s'était enfermée dans son ménage, extasiée devant son mari, n'ayant d'autre volonté que la sienne ; jamais des goûts différents ne les séparaient, un même idéal de bien-être confondait leurs désirs ; et ils vivaient ainsi depuis quarante ans, de tendresse et de petits soins réciproques. C'était une existence réglée, les quarante mille francs mangés sans bruit, les économies dépensées pour Cécile, dont la naissance tardive avait un instant bouleversé le budget. Aujourd'hui encore, ils contentaient chacun de ses caprices : un second cheval, deux autres voitures, des toilettes venues de Paris. Mais ils goûtaient là une joie de plus, ils ne trouvaient rien de trop beau pour leur fille, avec une telle horreur personnelle de l'étalage[3] qu'ils avaient gardé les modes de leur jeunesse. Toute dépense qui ne profitait pas leur semblait stupide.

1. **poupin/e (n)** : qui a les traits d'une poupée.
2. **râtelier (n)** : support servant à ranger verticalement des objets longs.
3. **étalage (n)** : action de montrer aux regards avec ostentation.

Mélanie était venue desservir la table. Dehors les chiens se remirent à aboyer, et Honorine, la femme de chambre, se dirigeait vers la porte, lorsque Cécile, que la chaleur et la nourriture étouffaient, quitta la table.

— Ce n'est pas encore ça, dit Cécile qui revenait. C'est cette femme avec ses deux enfants, tu sais, maman, la femme de mineur que nous avons rencontrée... Faut-il les faire entrer ici ?

On hésita. Étaient-ils très sales ? Non pas trop, et ils laisseraient leurs sabots sur le perron. Déjà le père et la mère s'étaient allongés au fond des grands fauteuils. Ils y digéraient. La crainte de changer d'avis acheva de les décider.

— Faites entrer, Honorine.

Alors, la Maheude et ses petits entrèrent, glacés, affamés, saisis d'un effarement[1] peureux, en se voyant dans cette salle où il faisait si chaud, et qui sentait si bon la brioche.

— Oh ! Les pauvres mignons ! S'écria Cécile, sont-ils pâlots d'être allés au froid !... Honorine, va donc chercher le paquet, dans l'armoire.

— Justement, continuait Cécile, j'ai encore deux robes de laine et des fichus[2]... Vous allez voir, ils auront chaud, les pauvres mignons !

La Maheude, alors, retrouva sa langue, bégayant :

— Merci bien, mademoiselle... Vous êtes tous bien bons...

Des larmes lui avaient empli les yeux, elle se croyait sûre des cent sous, elle se préoccupait seulement de la façon dont elle les demanderait, si on ne les lui offrait pas. La femme de chambre ne reparaissait plus, il y eut un moment de silence embarrassé. Dans les jupes de leur mère, les petits ouvraient

---

1. **effarement** (n) : l'effroi, la stupeur.
2. **fichu** (n) : pièce d'étoffe dont les femmes se couvrent la tête, la gorge et les épaules.

de grands yeux et contemplaient la brioche.

— Vous n'avez que ces deux-là ? Demanda Mme Grégoire, pour rompre le silence.

— Oh ! Madame, j'en ai sept.

M. Grégoire, qui s'était remis à lire son journal, eut un sursaut indigné.

— Sept enfants, mais pourquoi ? Bon Dieu !

— C'est imprudent murmura la vieille dame.

La Maheude eut un geste d'excuse. Que voulez-vous ? On n'y songeait point, ça poussait naturellement. Et puis, quand ça grandissait, ça rapportait, ça faisait aller la maison. Ainsi, chez eux, ils auraient vécu, s'ils n'avaient pas eu le grand-père qui devenait tout raide, et si, dans le tas, deux de ses garçons et sa fille aînée seulement avaient l'âge de descendre à la fosse. Fallait quand même nourrir les petits qui ne fichaient rien.

Rêveur, M. Grégoire regardait cette femme et ces enfants pitoyables, avec leur chair de cire, leurs cheveux décolorés, la dégénérescence qui les rapetissait, rongés d'anémie, d'une laideur triste de meurt-la-faim. Un nouveau silence s'était fait, on n'entendait plus que la houille brûler en lâchant un jet de gaz. La salle moite avait cet air alourdi de bien-être, dont s'endorment les coins de bonheur bourgeois.

Honorine et Mélanie apportaient enfin le paquet. Ce fut Cécile qui le déballa et qui sortit les deux robes. Elle y joignit les fichus, même des bas et des mitaines[1]. Tout cela irait à merveille, elle se hâtait, faisait envelopper par les bonnes les vêtements choisis ; car sa maîtresse de piano venait d'arriver, et elle poussait la mère et les enfants vers la porte.

— Nous sommes bien à court, bégaya la Maheude, si nous avions une pièce de cent sous seulement...

La phrase s'étrangla, car les Maheu étaient fiers et ne

---

1. **mitaine (n)** : moufle, pour couvrir les mains.

mendiaient point. Cécile, inquiète, regarda son père ; mais celui-ci refusa nettement, d'un air de devoir.

— Non, ce n'est pas dans nos habitudes. Nous ne pouvons pas.

Alors, la jeune fille, émue de la figure bouleversée de la mère, voulut combler les enfants. Ils regardaient toujours fixement la brioche, elle en coupa deux parts, qu'elle leur distribua.

— Tenez ! C'est pour vous.

Puis elle les reprit, demanda un vieux journal.

— Attendez, vous partagerez avec vos frères et vos sœurs.

Et, sous les regards attendris de ses parents, elle acheva de les pousser dehors. Les pauvres mioches, qui n'avaient pas de pain, s'en allèrent, en tenant cette brioche respectueusement, dans leurs menottes[1] gourdes de froid.

X. UNE VISITE AU CORON

Mme Hennebeau, la femme du directeur de la mine, frappa à la porte de la Maheude.

— Vous permettez, n'est-ce pas ? ma brave femme.

— Entrez, entrez, répétait-elle à ses invités. Nous ne gênons personne. Hein ? Est-ce propre encore ? Et cette brave femme a sept enfants ! Tous nos ménages sont

Mme Hennebeau, la femme du directeur de la mine, frappa à la porte de la Maheude.

— Vous permettez, n'est-ce pas ? ma brave femme.

— Entrez, entrez, répétait-elle à ses invités. Nous ne gênons personne. Hein ? Est-ce propre encore ? Et cette brave femme a sept enfants ! Tous nos ménages sont
comme ça... Je vous expliquais que la Compagnie leur loue la maison six francs par mois. Une grande salle au

1. **menotte (n)** : petite main.

rez-de-chaussée, deux chambres en haut, une cave et un jardin.

Le monsieur décoré et la dame en manteau de fourrure débarqués le matin du train de Paris, ouvraient des yeux vagues, avaient sur la face l'ahurissement[1] de ces choses brusques, qui les dépaysaient.

— et un jardin, répéta la dame. Mais on y vivrait, c'est charmant !

— Nous leur donnons du charbon plus qu'ils n'en brûlent, continuait Mme Hennebeau. Un médecin les visite deux fois par semaine ; et, quand ils sont vieux, ils reçoivent des pensions, bien qu'on ne fasse aucune retenue sur les salaires.

— Une Thébaïde[2] ! Un vrai pays de Cocagne ! murmura le monsieur, ravi.

La Maheude s'était précipitée pour offrir des chaises. Ces dames refusèrent. Déjà Mme Hennebeau se lassait, heureuse un instant de se distraire à ce rôle de montreur de bêtes, mais tout de suite répugnée par l'odeur fade de misère, malgré la propreté choisie des maisons où elle se risquait. Du reste, elle ne répétait que des bouts de phrase entendus, sans jamais s'inquiéter davantage de ce peuple d'ouvriers besognant et souffrant près d'elle.

— Les beaux enfants ! murmura la dame, qui les trouvait affreux, avec leurs têtes trop grosses, embroussaillées de cheveux couleur de paille.

Et la Maheude dut dire leur âge, on lui adressa des questions sur Estelle, par politesse. Respectueusement, le père Bonnemort avait retiré sa pipe de la bouche ; mais il n'en restait pas moins un sujet d'inquiétude, si ravagé par ses quarante années de fond, les jambes raides, la carcasse[3]

---

1. **ahurissement** (n) : l'étonnement.
2. **thébaïde** (n) : lieu isolé et sauvage, où l'on mène une vie calme.
3. **carcasse** (n) : *ici:* synonyme péjoratif du cor.

démolie, la face terreuse ; et comme un violent accès de toux le prenait, il préféra sortir pour cracher dehors, dans l'idée que son crachat[1] noir allait gêner le monde.

Maintenant, conclut Mme Hennebeau, si l'on vous interroge sur nos corons, à Paris, vous pourrez répondre... Jamais plus de bruit que ça, mœurs patriarcales, tous heureux et bien portants comme vous voyez, un endroit où vous devriez venir vous refaire un peu, à cause du bon air et de la tranquillité.

— C'est merveilleux, merveilleux ! cria le monsieur, dans un élan final d'enthousiasme. Ils sortirent de l'air enchanté dont on sort d'une baraque de phénomènes, et la Maheude qui les accompagnait demeura sur le seuil, pendant qu'ils repartaient doucement, en causant très haut.

XI. LE VIOL D'UNE MINEURE

C'était le soir. Étienne était venu s'asseoir sur une poutre de la mine de Réquillart.

Sa tristesse augmentait, sans qu'il sût pourquoi. Que de misère ! Et toutes ces filles, éreintées de fatigue, qui étaient encore assez bêtes, le soir, pour fabriquer des petits, de la chair à travail et à souffrance ! Jamais ça ne finirait, si elles s'emplissaient toujours de meurt-la-faim. Est-ce qu'elles n'auraient pas dû plutôt se boucher le ventre, serrer les cuisses, ainsi qu'à l'approche du malheur ? Peut-être ne remuait-il confusément ces idées moroses que dans l'ennui d'être seul, lorsque les autres, à cette heure, s'en allaient deux à deux prendre du plaisir. Oui, toutes y passaient, c'était plus fort que la raison.

Justement, comme Étienne restait assis, immobile, dans l'ombre, un couple qui descendait de Montsou le

---

1. crachat (n) : salive, mucosité rejetée par la bouche.

frôla sans le voir, en s'engageant dans le terrain vague de Réquillart. La fille, une pucelle bien sûr, se débattait, résistait, avec des supplications basses, chuchotées ; tandis que le garçon, muet, la poussait quand même vers les ténèbres d'un coin de hangar[1], demeuré debout, sous lequel d'anciens cordages moisis s'entassaient. C'étaient Catherine et le grand Chaval. Mais Étienne ne les avait pas reconnus au passage, et il les suivit des yeux, il guettait la fin de l'histoire, pris d'une sensualité, qui changeait le cours de ses réflexions. Pourquoi serait-il intervenu ? Lorsque les filles disent non, c'est qu'elles aiment à être bourrées[2] d'abord.

Sur la route, le grand Chaval avait accompagné Catherine. Il marchait près d'elle, les bras ballants ; seulement, il la poussait de la hanche, il la conduisait, sans en avoir l'air. Elle s'aperçut tout d'un coup qu'il lui avait fait quitter le pavé et qu'ils s'engageaient ensemble dans l'étroit chemin de Réquillart. Mais elle n'eut pas le temps de se fâcher : déjà, il la tenait à la taille, il l'étourdissait d'une caresse de mots continue. Était-elle bête, d'avoir peur ! Est-ce qu'il voulait du mal à un petit mignon comme elle, aussi douce que de la soie, si tendre qu'il l'aurait mangée ? Et il lui soufflait derrière l'oreille, dans le cou, il lui faisait passer un frisson sur toute la peau du corps. Pendant qu'il lui chatouillait la nuque avec des moustaches, si doucement, qu'elle en fermait les yeux, l'ombre d'un autre homme, du garçon entrevu le matin, passait dans le noir de ses paupières closes.

Brusquement, Catherine regarda autour d'elle. Chaval l'avait conduite dans les décombres de Réquillart.

— Oh ! Non, oh ! Non, murmura-t-elle, je t'en prie, laisse-moi !

La peur du mâle l'affolait, cette peur qui raidit les

1. **hangar** (n) : construction destinée à abriter du matériel, des marchandises.
2. **bourré** (v) : pris.

muscles dans un instinct de défense, même lorsque les filles veulent bien, et qu'elles sentent l'approche conquérante de l'homme.

— Non, non, je ne veux pas ! Je te dis que je suis trop jeune... Vrai ! Plus tard, quand je serai faite au moins.

Il grogna sourdement :

— Bête ! Rien à craindre alors... Qu'est-ce que ça te fiche ?

Mais il ne parla pas davantage. Il l'avait empoignée solidement, il la jetait sous le hangar. Et elle tomba à la renverse sur les vieux cordages, elle cessa de se défendre, subissant le mâle avant l'âge, avec cette soumission héréditaire, qui, dès l'enfance, culbutait en plein vent, les filles de sa race. Ses bégaiements effrayés s'éteignirent, on n'entendit plus que le souffle ardent de l'homme.

Étienne, cependant, avait écouté, sans bouger. Encore une qui faisait le saut ! Et, maintenant qu'il avait vu la comédie, il se leva, envahi d'un malaise, d'une sorte d'excitation jalouse où montait de la colère.

Il fut tourmenté d'une envie, celle de voir leurs figures et il finit, au premier réverbère, par se cacher dans l'ombre. Une stupeur le cloua, lorsqu'il reconnut au passage Catherine et le grand Chaval. Il hésitait d'abord : était-ce bien elle, cette jeune fille en robe gros bleu, avec ce bonnet ? Était-ce le galopin[1] qu'il avait vu en culotte, la tête serrée dans le béguin de toile ? Mais il ne doutait plus, il venait de retrouver ses yeux, la limpidité verdâtre de cette eau de source, si claire et si profonde. Quelle catin[2] ! Et il éprouvait un furieux besoin de se venger d'elle, sans motif, en la méprisant. D'ailleurs, ça ne lui allait pas d'être en fille : elle était affreuse.

C'était donc vrai, ce qu'elle lui avait juré le matin : elle

---

1. **galopin** (n) : gamin des rues, enfant espiègle, effronté, chenapan, garnement.
2. **catin** (n) : prostituée.

n'était encore la maîtresse de personne ; et lui qui ne l'avait pas crue, qui s'était privé d'elle pour ne pas faire comme l'autre ! Et lui qui venait de se la laisser prendre sous le nez, qui avait poussé la bêtise jusqu'à s'égayer salement à les voir ! Cela le rendait fou, il serrait les poings, il aurait mangé cet homme dans un de ces besoins de tuer où il voyait rouge.

XII. TROIS REVOLTÉS

Étienne s'accoutumait, son existence se réglait sur cette besogne et ces habitudes nouvelles, qui lui avaient paru si dures au début.

Et les jours succédaient aux jours, des semaines, des mois s'écoulèrent. Maintenant, comme les camarades, il se levait à trois heures, buvait le café, emportait la double tartine que Mme Rasseneur, la femme du cabaretier qui lui louait une chambre, lui préparait la veille.

Il restait souvent le soir au cabaret de Rasseneur pour boire et discuter.

— Vous savez, dit un soir Étienne, j'ai reçu une lettre de Pluchart.

Depuis deux mois, il entretenait une correspondance suivie avec le mécanicien de Lille, auquel il avait eu l'idée d'apprendre son embauchement[1] à Montsou, et qui maintenant l'endoctrinait, frappé de la propagande qu'il pouvait faire au milieu des mineurs.

— L'association marche très bien. On adhère de tous les côtés, parait-il.

— Qu'est-ce que tu en dis, toi, de leur société ? demanda Rasseneur à Souvarine, un de ses clients habituels.

Celui-ci souffla un jet de fumée, en murmurant de son air tranquille :

— Encore des bêtises !

1. **embauchement (n)** : le fait d'engager en vue d'un travail.

Mais Étienne s'enflammait. Toute une prédisposition de révolte le jetait à la lutte du travail contre capital, dans les illusions premières de son ignorance. C'était de l'Association internationale des travailleurs qu'il s'agissait, de cette fameuse Internationale qui venait de se créer à Londres. N'y avait-il pas là un effort superbe, une campagne où la justice allait enfin triompher ? Plus de frontières, les travailleurs du monde entier se levant, s'unissant, pour assurer à l'ouvrier le pain qu'il gagne. Avant six mois, on aurait conquis la terre, on dicterait des lois aux patrons, s'ils faisaient les méchants.

— Des bêtises ! répéta Souvarine. — Votre Karl Marx en est encore à vouloir laisser agir les forces naturelles. Pas de politique, pas de conspiration, n'est-ce pas ? Tout au grand jour, et uniquement pour la hausse des salaires... Fichez-moi donc la paix, avec votre évolution ! Allumez le feu aux quatre coins des villes, fauchez les peuples, rasez tout, et quand il ne restera plus rien de ce monde pourri, peut-être en repoussera-t-il un meilleur.

Étienne se mit à rire, cette théorie de la destruction lui semblait une pose. Rasseneur, encore plus pratique, et d'un bon sens d'homme établi, ne daigna pas se fâcher. Il voulait seulement préciser les choses.

— Alors quoi ? Tu vas tenter de créer une section à Montsou ?

C'était ce que désirait Pluchart, qui était secrétaire de la Fédération du Nord. Il insistait particulièrement sur les services que l'Association rendrait aux mineurs, s'ils se mettaient un jour en grève. Étienne, justement, croyait la grève prochaine : l'affaire des bois[1] finirait mal, il ne fallait plus qu'une exigence de la Compagnie pour révolter toutes les fosses.

L'embêtant, c'est les cotisations, déclara Rasseneur d'un

---

1. **l'affaire des bois** : on fait allusion ici au nouveau système de paiement des mineurs, le boisage étant obligatoire et payé à part.

ton judicieux. Cinquante centimes par an pour le fonds général, deux francs pour la section, ça n'a l'air de rien, et je parie que beaucoup refuseront de les donner.

— D'autant plus, ajouta Étienne, qu'on devrait d'abord créer ici une caisse de prévoyance, dont nous ferions à l'occasion une caisse de résistance... N'importe, il est temps de songer à ces choses. Moi, je suis prêt, si les autres sont prêts.

XIII. LES TENTATIONS DES AMANTS

Vers le milieu d'août, Étienne s'installa chez les Maheu, lorsque Zacharie marié put obtenir de la Compagnie, pour Philomène son amante et ses deux enfants, une maison libre du coron ; et, dans les premiers temps, le jeune homme éprouva une gêne en face de Catherine.

C'était une intimité de chaque minute, il remplaçait partout le frère aîné, partageait le lit de Jeanlin, devant le lit de la grande sœur. Au coucher, au lever, il devait se déshabiller, se rhabiller près d'elle, la voyait elle-même ôter et remettre ses vêtements. Quand le dernier jupon tombait, elle apparaissait d'une blancheur pâle, de cette neige transparente des blondes anémiques ; et il éprouvait une continuelle émotion, à la trouver si blanche, les mains et le visage déjà gâtés, comme trempée dans du lait, de ses talons à son col, où à la ligne du hâle[1] tranchait nettement en un collier d'ambre. Il affectait de se détourner ; mais il la connaissait peu à peu : les pieds d'abord que ses yeux baissés rencontraient ; puis un genou entrevu, lorsqu'elle se glissait sous la couverture ; puis, la gorge aux petits seins rigides, dès qu'elle se penchait le matin sur la terrine. Elle, dévêtue et allongée, près d'Alzire, d'un mouvement si

---

1. **hâle (n)** : couleur plus ou moins brune que prend la peau exposée au soleil.

33

souple de couleuvre, qu'il retirait à peine ses souliers, quand elle disparaissait, tournant le dos, ne montrant plus que son lourd chignon[1].

En octobre, par une de ces premières nuits glaciales, Étienne, fiévreux d'avoir parlé, en bas, ne put s'endormir. Il avait regardé Catherine se glisser sous la couverture, puis souffler la chandelle. Elle paraissait toute secouée, elle aussi, tourmentée d'une de ces pudeurs qui la faisaient encore se hâter parfois, si maladroitement, qu'elle se découvrait davantage. Dans l'obscurité, elle restait comme morte ; mais il entendait qu'elle ne dormait pas non plus ; et, il le sentait, elle songeait à lui, ainsi qu'il songeait à elle : jamais ce muet échange de leur être ne les avait emplis d'un tel trouble. Des minutes s'écoulèrent, ni lui ni elle ne remuait, leur souffle s'embarrassait seulement, malgré leur effort pour le retenir. À deux reprises, il fut sur le point de se lever et de la prendre. C'était imbécile, d'avoir un si gros désir l'un de l'autre, sans jamais se contenter. Pourquoi donc bouder ainsi contre leur envie ? Les enfants dormaient, elle voulait bien tout de suite, il était certain qu'elle l'attendait en étouffant, qu'elle refermerait les bras sur lui, muette, les dents serrées. Près d'une heure se passa. Il n'alla pas la prendre, elle ne se retourna pas, de peur de l'appeler. Plus ils vivaient côte à côte, et plus une barrière s'élevait, des hontes, des répugnances, des délicatesses d'amitié, qu'ils n'auraient pu expliquer eux-mêmes.

XIV. UNE MAUVAISE PAIE

Maheu et son équipe étaient allés prendre leur paie à la caisse mais ils y découvrirent une curieuse affiche jaune qu'Étienne se mit à lire. C'était un avis de la Compagnie aux mineurs de toutes les fosses. Elle les aver-

1. **chignon (n)** : coiffure consistant à relever et ramasser la chevelure derrière ou sur la tête.

tissait que, devant le peu de soin apporté au boisage[1], lasse d'infliger des amendes inutiles, elle avait pris la résolution d'appliquer un nouveau mode de paiement, pour l'abattage de la houille. Désormais, elle paierait le boisage à part, au mètre cube de bois descendu et employé, en se basant sur la quantité nécessaire à un bon travail. Le prix de la berline de charbon abattu serait naturellement baissé, suivant d'ailleurs la nature et l'éloignement des tailles. Et un calcul assez obscur tâchait d'établir que cette diminution de dix centimes se trouverait exactement compensée par le prix du boisage.

— Nom de Dieu ! murmura Maheu.

Est-ce qu'on se fichait d'eux ! Jamais ils ne rattraperaient, avec le boisage, les dix centimes diminués sur la berline. Voilà donc où voulait en venir la Compagnie, à cette baisse de salaire déguisée !

— Nom de Dieu de nom de Dieu ! Répéta Maheu en relevant la tête. Nous sommes des jean-foutre, si nous acceptons ça!

Mais le guichet se trouvait libre, il s'approcha pour être payé.

— Maheu et consorts, dit le commis, veine Filonnière, taille numéro sept... Cent trente-cinq francs.

Le caissier paya.

— Pardon, monsieur, balbutia le haveur saisi, êtes-vous sûr de ne pas vous tromper ?

Il regardait ce peu d'argent, sans le ramasser, glacé d'un petit frisson qui lui coulait au cœur. Certes, il s'attendait à une paie mauvaise, mais elle ne pouvait se réduire à si peu, ou il devait avoir mal compté. Lorsqu'il aurait remis leur part à Zacharie, à Étienne et à l'autre camarade qui remplaçait Chaval, il lui resterait au plus cinquante francs pour lui, son père, Catherine et Jeanlin.

1. **boisage** (n) : fait de boiser, mettre du bois pour étayer, soutenir les galeries.

— Non, non, je ne me trompe pas, reprit l'employé. Il faut enlever deux dimanches et quatre jours de chômage : donc, ça vous fait neuf jours de travail.

Maheu suivait ce calcul, additionnait tout bas. Ça faisait sûrement davantage.

— Et n'oubliez pas les amendes[1], acheva le commis. Vingt francs d'amendes pour boisages défectueux.

Le haveur eut un geste désespéré. Vingt francs d'amendes, quatre journées de chômage ! Alors, le compte y était.

De Montsou au coron, Étienne et Maheu n'échangèrent pas une parole. Lorsque ce dernier entra, la Maheude, qui était seule avec les enfants, remarqua tout de suite qu'il avait les mains vides.

— Tiens, bégaya-t-il, voilà ce que je te rapporte... C'est notre travail à tous.

La Maheude regarda Étienne, le vit muet et accablé. Alors, elle pleura aussi. Comment faire vivre neuf personnes, avec cinquante francs pour quinze jours ? Son aîné les avait quittés, le vieux ne pouvait plus remuer les jambes : c'était la mort bientôt. Alzire se jeta au cou de sa mère, bouleversée de l'entendre pleurer. Estelle hurlait, Lénore et Henri sanglotaient.

Et, du coron entier, monta bientôt le même cri de misère. Les hommes étaient rentrés, chaque ménage se lamentait devant le désastre de cette paie mauvaise. Des portes se rouvrirent, des femmes parurent, criant au-dehors, comme si leurs plaintes n'eussent plus pu tenir sous les plafonds des maisons closes.

Et les idées semées par Étienne poussaient, s'élargissaient dans ce cri de révolte. C'était l'impatience devant l'âge d'or promis, la hâte d'avoir sa part du bonheur, au-delà de cet horizon de misère, fermé comme une tombe.

---

1. **amende** (n) : peine consistant dans un paiement d'une somme d'argent.

L'injustice devenait trop grande, ils finiraient par exiger leur droit, puisqu'on leur retirait le pain de la bouche.

Le soir, à l'avantage, la grève fut décidée. Rasseneur ne la combattait plus, et Souvarine l'acceptait comme un premier pas. D'un mot, Étienne résuma la situation : si elle voulait décidément la grève, la Compagnie aurait la grève.

XV. MAHEU EXPLIQUE LE POINT DE VUE DES MINEURS

Maheu avait été choisi pour exposer les revendications des mineurs à M. Hennebeau.

Enfin, M. Hennebeau entra, boutonné militairement, portant à sa redingote le petit nœud correct de sa décoration. Il parla le premier.

— Ah ! Vous voilà !... Vous vous révoltez, à ce qu'il paraît...

Et il s'interrompit, pour ajouter avec une raideur polie :

— Asseyez-vous, je ne demande pas mieux que de causer.

— Voyons, demanda-t-il, qu'avez-vous à me dire ?

Il s'attendait à entendre le jeune homme prendre la parole, et il fut tellement surpris de voir Maheu s'avancer, qu'il ne put s'empêcher d'ajouter encore :

— Comment ! C'est vous, un bon ouvrier qui s'est toujours montré si raisonnable, un ancien de Montsou dont la famille travaille au fond depuis le premier coup de pioche !... Ah ! C'est mal, ça me chagrine[1] que vous soyez à la tête des mécontents !

Maheu écoutait, les yeux baissés. Puis, il commença, la voix hésitante et sourde d'abord.

— Monsieur le directeur, c'est justement parce que je suis un homme tranquille, auquel on n'a rien à reprocher,

---

1. ça me chagrine : ça m'attriste, ça me fait de la peine.

que les camarades m'ont choisi. Cela doit vous prouver qu'il ne s'agit pas d'une révolte de tapageurs[1], de mauvaises têtes cherchant à faire du désordre. Nous voulons seulement la justice, nous sommes las de crever de faim, et il nous semble qu'il serait temps de s'arranger, pour que nous ayons au moins du pain tous les jours.

Sa voix se raffermissait. Il leva les yeux, il continua, en regardant le directeur :

— Vous savez bien que nous ne pouvons accepter votre nouveau système. On nous accuse de mal boiser. C'est vrai, nous ne donnons pas à ce travail le temps nécessaire. Mais, si nous le donnions, notre journée se trouverait réduite encore, et comme elle n'arrive déjà pas à nous nourrir, ce serait donc la fin de tout, le coup de torchon qui nettoierait vos hommes. Payez-nous davantage, nous boiserons mieux, nous mettrons aux bois les heures voulues, au lieu de nous acharner à l'abattage, la seule besogne productive. Il n'y a pas d'autre arrangement possible, il faut que le travail soit payé pour être fait... Et qu'est-ce que vous avez inventé à la place ? Une chose qui ne peut pas nous entrer dans la tête, voyez-vous ! Vous baissez le prix de la berline, puis vous prétendez compenser cette baisse en payant le boisage à part. Si cela était vrai, nous n'en serions pas moins volés, car le boisage nous prendrait toujours plus de temps. Mais ce qui nous enrage, c'est que cela n'est pas même vrai : la Compagnie ne compense rien du tout, elle met simplement deux centimes par berline dans sa poche, voilà !

— Oui, oui, c'est la vérité, murmurèrent les autres délégués, en voyant M. Hennebeau faire un geste violent, comme pour interrompre.

Du reste, Maheu coupa la parole au directeur. Maintenant, il était lancé, les mots venaient tout seuls.

1. **tapageurs** (n) : gens qui font beaucoup de bruit, veulent attirer l'attention.

C'étaient des choses amassées au fond de sa poitrine, des choses qu'il ne savait même pas là, et qui sortaient, dans un gonflement de son cœur. Il disait leur misère à tous, le travail dur, la vie de brute, la femme et les petits criant la faim à la maison. Il cita les dernières paies désastreuses, les quinzaines dérisoires, mangées par les amendes et les chômages, rapportées aux familles en larmes. Est-ce qu'on avait résolu de les détruire ?

— Alors, monsieur le directeur, finit-il par conclure, nous sommes donc venus vous dire que, crever[1] pour crever, nous préférons crever à ne rien faire. Ce sera de la fatigue de moins... Nous avons quitté les fosses, nous ne redescendrons que si la Compagnie accepte nos conditions. Elle veut baisser le prix de la berline, payer le boisage à part. Nous autres, nous voulons que les choses restent comme elles étaient, et nous voulons encore qu'on nous donne cinq centimes de plus par berline... Maintenant, c'est à vous de voir si vous êtes pour la justice et pour le travail.

Des voix, parmi les mineurs, s'élevèrent.

— C'est cela... Il a dit notre idée à tous... Nous ne demandons que la raison.

— Laissez-moi donc répondre, finit par crier M. Hennebeau, qui se fâchait. Avant tout, il n'est pas vrai que la Compagnie gagne deux centimes par berline... Voyons les chiffres. Une discussion confuse s'ensuivit.

Depuis les premiers mots, M. Hennebeau ne quittait pas Étienne du regard, il manœuvrait pour le tirer du silence où il se renfermait. Aussi, abandonnant la discussion des deux centimes, élargit-il brusquement la question.

— Non, avouez donc la vérité, vous obéissez à des excitations détestables. C'est une peste, maintenant, qui souffle sur tous les ouvriers et qui corrompt les meilleurs... Oh ! Je n'ai besoin de la confession de personne, je vois

1. crever (v) : synonyme familier de mourir.

bien qu'on vous a changés, vous si tranquilles autrefois. N'est-ce pas ? On vous a promis plus de beurre que de pain, on vous a dit que votre tour était venu d'être les maîtres... Enfin, on vous enrégimente[1] dans cette fameuse internationale, cette armée de brigands[2] dont le rêve est la destruction de la société...

Étienne, alors, l'interrompit.

— Vous vous trompez, monsieur le directeur. Pas un charbonnier de Montsou n'a encore adhéré. Mais, si on les y pousse, toutes les fosses s'enrôleront. Ça dépend de la Compagnie.

XVI. LE CARNAGE

La grève avait éclaté et le directeur réagit en embauchant des Belges pour travailler à la place des révoltés. Soixante soldats gardaient la porte d'accès au Voreux. La foule de plus en plus nombreuse, réclamait le départ des Belges.

— Allez-y, pour voir, répétait Maheu, allez-y un peu, si vous êtes de bons bougres !

Et il ouvrait sa veste, et il écartait sa chemise, étalant sa poitrine nue, sa chair velue et tatouée de charbon. Il se poussait sur les pointes, il obligeait les gardes à reculer, terrible d'insolence et de bravoure. Une des pointes l'avait piqué au sein, il en était comme fou et s'efforçait qu'elle entrât davantage, pour entendre craquer ses côtes.

— Lâches, vous n'osez pas... Il y en a dix mille derrière nous. Oui, vous pouvez nous tuer, il y en aura dix mille à tuer encore.

Enfin, il eut l'idée de frapper l'imagination de la foule,

1. **enrégimenter (v)** : synonyme d'endoctriner, vouloir gagner à une cause, à une idée.
2. **brigand (n)** : homme malhonnête, crapule, escroc.

il commanda de charger les fusils devant elle. Les soldats exécutèrent le commandement, mais l'agitation grandissait, des fanfaronnades[1] et des moqueries.

— Il n'y a pas de balles dans leurs cartouches, dit Levaque.

— Est-ce que nous sommes des cosaques ? Cria Maheu. On ne tire pas contre des Français, nom de Dieu !

Au premier rang, la Mouquette s'étranglait de fureur, en pensant que des soldats voulaient trouer la peau à des femmes. Elle leur avait craché tous ses gros mots, elle ne trouvait pas d'injure assez basse, lorsque, brusquement, n'ayant plus que cette mortelle offense à bombarder au nez de la troupe, elle montra son cul. Des deux mains, elle relevait ses jupes, tendait les reins, élargissait la rondeur énorme.

— Tenez, v'la pour vous ! Et il est encore trop propre, tas de salauds !

Une bousculade se produisit. Le capitaine, pour calmer l'énervement de ses hommes, se décidait à faire des prisonniers. Trois mineurs, Levaque et deux autres furent empoignés dans le tas des plus violents, et gardés à vue, au fond de la chambre des porions.

Les grévistes restaient dans l'étonnement de ce coup de force. Puis, un cri monta, exigeant les prisonniers, réclamant leur liberté immédiate. Et, sans s'être concertés, emportés d'un même élan, d'un même besoin de revanche, tous coururent aux tas de briques voisins. Soudain, on aperçut Catherine, les poings en l'air, brandissant elle aussi des moitiés de briques, les jetant de toute la force de ses petits bras. Elle n'aurait pas pu dire pourquoi, elle suffoquait, elle crevait d'une envie de massacrer le monde. Est-ce que ça n'allait pas être bientôt fini, cette sacrée existence de malheur ? Et elle cassait des briques, et elle les jetait devant elle, avec la seule idée de balayer tout, les yeux si écrasés de sang qu'elle ne voyait pas à qui elle écrasait les mâchoires.

1. **fanfaronnade (n)** : disposition à faire le fanfaron, à se vanter.

Trois fois, le capitaine fut sur le point de commander le feu. Une angoisse l'étranglait, une lutte interminable de quelques secondes heurta en lui des idées, des devoirs, toutes ses croyances d'homme et de soldat. La pluie des briques redoublait, et il ouvrait la bouche, il allait crier : Feu ! Lorsque les fusils partirent d'eux-mêmes, trois coups d'abord, puis cinq, puis un roulement de peloton, puis un coup tout seul, longtemps après, dans le grand silence.

Ce fut une stupeur. Ils avaient tiré, la foule béante restait immobile, sans le croire encore. Mais des cris déchirants s'élevèrent, tandis que le clairon sonnait la cessation du feu. Et il y eut une panique folle, un galop de bétail mitraillé, une fuite éperdue dans la boue.

Bébert et Lydie s'étaient affaissés l'un sur l'autre, aux trois premiers coups, la petite frappée à la face, le petit troué au-dessous de l'épaule gauche. Les cinq autres coups avaient jeté bas la Brûlé et le porion Richomme. Une balle entra dans la bouche de Mouquet, au même instant, la Mouquette recevait deux balles dans le ventre.

Tout semblait terminé lorsque le dernier coup partit, isolé, en retard.

Maheu, frappé en plein cœur, vira sur lui-même et tomba la face dans une flaque d'eau, noire de charbon.

Stupide, la Maheude se baissa.

— Eh ! Mon vieux, relève-toi. Ce n'est rien, dis ?

Les mains gênées par Estelle, elle dut la mettre sous un bras, pour retourner la tête de son homme.

— Parle donc ! Où as-tu mal ?

Il avait les yeux vides, la bouche baveuse d'une écume[1] sanglante. Elle comprit, il était mort. Alors, elle resta assise dans la crotte, sa fille sous le bras comme un paquet, regardant son vieux d'un air hébété.

---

1. **écume** (n) : bave mousseuse qui vient aux lèvres d'une personne en colère ou en proie à une attaque.

XVII. LE SABOTEUR SOUVARINE

Souvarine ne croyait plus qu'au massacre. À minuit, il des-cendit dans le puits du Voreux. Trois cent soixante-quatorze mètres plus bas. Suspendu dans le vide, au péril de sa vie, il scia et dévissa les pièces de la charpente qui tenaient tout l'édifice, puis sortit sans être vu.

Trois heures plus tard, à la surface, la terre se mit à trembler...

Et brusquement, comme les ingénieurs s'avançaient avec prudence, une suprême convulsion du sol les mit en fuite. Des détonations souterraines éclataient, toute une artillerie monstrueuse canonnant le gouffre. À la surface, les dernières constructions se culbutaient, s'écrasaient. D'abord, une sorte de tourbillon emporta les débris du criblage[1] et de la salle de recette. Le bâtiment des chaudières[2] creva ensuite, disparut. Puis, ce fut la tourelle carrée où râlait la pompe d'épuisement, qui tomba sur la face, ainsi qu'un homme fauché par un boulet. Et l'on vit alors une effrayante chose, on vit la machine, disloquée sur son massif, les membres écartelés, lutter contre la mort : elle marcha, elle détendit sa bielle[3], son genou de géante, comme pour se lever ; mais elle expirait. Broyée, englou-tie. Seule, la haute cheminée de trente mètres restait debout, secouée, pareille à un mât dans l'ouragan. On croyait qu'elle allait s'émietter et voler en poudre, lorsque, tout d'un coup, elle s'enfonça d'un bloc, bue par la terre, fondue ainsi qu'un cierge colossal ; C'était fini, la bête mauvaise, accroupie dans ce creux, gorgée de chair humai-ne, ne soufflait plus de son haleine grosse et longue. Tout entier, le Voreux venait de couler à l'abîme.

1. **criblage** (n) : le triage du charbon.
2. **chaudière** (n) : appareil assurant le système de chauffage.
3. **bielle** (n) : tige rigide, destinée à la transmission du mou-vement entre deux pièces mobiles.

Sur le terri ébranlé, Souvarine se leva. Il allait, de son air tranquille, à l'extermination, partout où il y aurait de la dynamite, pour faire sauter les villes et les hommes. Ce sera lui, sans doute, quand la bourgeoisie agonisante entendra, sous elle, à chacun de ses pas, éclater le pavé des rues.

XVIII. LA RECHERCHE DES SURVIVANTS

Mais sous terre se trouvait une vingtaine de mineurs, entre autres Étienne et Catherine. En effet, chez les Maheu, Catherine avait convaincu Étienne de se remettre au travail malgré les consignes de grève : son père étant mort, la fille ne voulait pas être à la charge de sa mère.

Le sauvetage des mineurs engloutis était devenu la préoccupation principale. Négrel restait chargé de tenter un effort suprême, son opinion était que pas un des malheureux se survivait, les quinze avaient à coup sûr péri[1], noyés[2] ou asphyxiés ; seulement, dans ces catastrophes des mines, la règle est de toujours supposer vivants les hommes murés au fond ; et il raisonnait en ce sens.

On était au troisième jour. Négrel, désespéré, avait résolu de tout abandonner le soir. À midi, après le déjeuner, lorsqu'il revint avec ses hommes, pour tenter un dernier effort, il fut surpris de voir Zacharie sortir de sa fosse, très rouge, gesticulant, criant :

— Elle y est ! elle m'a répondu ! Arrivez, arrivez donc !

L'ingénieur Négrel colla son oreille, il finit par saisir un bruit d'une légèreté aérienne, un roulement rythmé à peine distinct, la cadence connue du rappel des mineurs, qu'ils battent contre la houille, dans le danger. La houille

1. **périr (v)** : mourir.
2. **noyé (v)** : mort par asphyxie dans l'eau.

transmet les sons avec une limpidité de cristal, très loin.

Un porion qui se trouvait là, n'estimait pas à moins de cinquante mètres le bloc dont l'épaisseur les séparait des camarades. Mais il semblait qu'on pût déjà leur tendre la main, une allégresse éclatait. Négrel dut commencer à l'instant les travaux d'approche.

Zacharie avait obtenu d'être parmi les ouvriers d'élite mis à l'abattage. C'était un poste d'honneur qu'on se disputait. Il volait le tour des camarades, il refusait de lâcher la rivelaine.

Le neuvième jour, après des efforts surhumains, l'avancement était de trente-deux mètres, et l'on calculait qu'on en avait encore devant soi une vingtaine encore. À l'heure du déjeuner, Zacharie ne répondit pas, lorsqu'on l'appela pour le relais. Il était comme fou, il s'acharnait avec des jurons. Négrel, sorti un instant, ne put le faire obéir. Sans doute, Zacharie, mal éclairé, commit l'imprudence d'ouvrir sa lampe. On avait pourtant donné des ordres sévères, car des fuites de grisou[1] s'étaient déclarées, le gaz séjournait en masse énorme, dans ces couloirs étroits, privés d'aérage. Brusquement, un coup de foudre éclata, une trombe de feu sortit du boyau, comme de la gueule d'un canon chargé à mitraille[2]. Tout flambait, l'air s'enflammait ainsi que de la foudre, d'un bout à l'autre des galeries. Ce torrent de flamme emporta le porion et les trois ouvriers, remonta le puits, jaillit au grand jour en une éruption, qui crachait des roches et des débris de charpente. Les curieux s'enfuirent, la Maheude se leva, serrant contre sa gorge Estelle épouvantée.

Quand on pénétra enfin dans les galeries, la remonte

1. **grisou** (n) : gaz combustible formé de méthane, d'anhydride carbonique et d'azote, qui se dégage spontanément dans certaines mines et provoque des explosions au contact de l'air.
2. **mitraille** (n) : balles de fonte utilisées comme projectiles meurtriers.

des victimes fut lugubre. Ni le porion ni les ouvriers n'étaient morts, mais des plaies affreuses les couvraient, exhalaient une odeur de chair grillée ; Le corps de Zacharie parut enfin. Les vêtements avaient brûlé, le corps n'était qu'un charbon noir, calciné, méconnaissable. Broyée dans l'explosion, la tête n'existait plus. Et lorsqu'on eut déposé ces restes affreux sur un brancard[1], la Maheude les suivit d'un pas machinal, les paupières ardentes, sans une larme.

XIX. CÉCILE ET BONNEMORT

La mort de Zacharie avait empli les Grégoire de pitié pour cette tragique famille des Maheu, dont tout le pays causait. Ils ne plaignaient pas le père, ce brigand, ce tueur de soldats qu'il avait fallu abattre comme un loup. Seulement, la mère les touchait, cette pauvre femme qui venait de perdre son fils, après avoir perdu son mari, et dont la fille n'était peut-être plus qu'un cadavre, sous la terre ; sans compter qu'on parlait encore d'un grand-père infirme, d'un enfant boiteux[2], à la suite d'un éboulement, d'une petite fille morte de faim, pendant la grève. Aussi, bien que cette famille eût mérité en partie ses malheurs, par son esprit détestable, avaient-ils résolu d'affirmer la largeur de leur charité, leur désir d'oubli et de concilia-tion, en lui portant eux-mêmes une aumône[3]. Deux paquets, soigneusement enveloppés, se trouvaient sous une banquette de la voiture.

1. **brancard (n)** : civière servant au transport des morts et des blessés.
2. **boiteux (n)** : qui boite, marche en inclinant le corps d'un côté plus que de l'autre.
3. **aumône (n)** : don charitable fait aux pauvres.

La Levaque fit entrer les Grégoire chez les Maheu où demeurait seul le père Bonnemort, au visage effrayant, puis les invita chez elle, laissant un instant Cécile et Bonnemort.

Ce qui la retenait là, tremblante et fascinée, c'était qu'elle croyait reconnaître ce vieux : où avait-elle donc rencontré cette face carrée, livide, tatouée de charbon ? Et brusquement elle se rappela, elle revit un flot de peuple hurlant qui l'entourait, elle sentit des mains froides qui la serraient au cou. Peu à peu, Bonnemort avait paru s'éveiller, et il l'apercevait, et il l'examinait lui aussi, de son air béant. Attirés, tous deux restaient l'un devant l'autre, elle florissante, grasse et fraîche des longues paresses et du bien-être repu de sa race, lui gonflé d'eau, d'une laideur lamentable de bête fourbue[1], détruit de père en fils par cent années de travail et de faim.

Au bout de dix minutes, lorsque les Grégoire, surpris de ne pas voir Cécile, rentrèrent chez les Maheu, ils poussèrent un cri terrible. Par terre, leur fille gisait, la face bleue, étranglée. À son cou, les doigts avaient laissé l'empreinte rouge d'une poigne de géant. Bonnemort, chancelant sur ses jambes mortes, était tombé près d'elle, sans pouvoir se relever. Il avait ses mains crochues encore, il regardait le monde de son air imbécile, les yeux grands ouverts.

Jamais il ne fut possible de rétablir exactement les faits. Il fallut croire à un coup de brusque démence, à une tentation inexplicable de meurtre, devant ce cou blanc de fille. Une telle sauvagerie stupéfia chez ce vieil infirme qui avait vécu en brave homme, en brute obéissante, contraire aux idées nouvelles. Quelle rancune, inconnue de lui-même, lentement empoisonnée, était-elle donc montée de ses entrailles à son crâne ? L'horreur fit conclure à l'inconscience, c'était le crime d'un idiot.

1. **fourbu (adj)** : très fatigué, épuisé, harassé.

Au fond, Étienne et Catherine luttaient contre la mort. Des éboulements retentissaient à chaque instant. La mine entière était ébranlée. Au bout des galeries, l'air refoulé s'amassait, se comprimait, partait en explosions formidables. C'était le terrifiant vacarme des cataclysmes intérieurs. Et Catherine, secouée, étourdie de cet effondrement[1] continu, joignait les mains, bégayait les mêmes mots, sans relâche :

— Je ne veux pas mourir... Je ne veux pas mourir...

Pour se rendre au plan incliné, ils durent marcher ployés en deux, de nouveau mouillés jusqu'aux épaules. Brusquement, ils se cognèrent contre des éclats de poutre, une porte s'ouvrait là, et ils débouchèrent dans une voie.

Devant eux, la lueur d'une lampe les stupéfia. Ils reconnurent Chaval.

— As-tu regardé au fond ? On ne peut donc passer par les tailles ? demanda Étienne au camarade, comme s'ils s'étaient quittés bons amis, une heure plus tôt.

Chaval ricanait toujours.

— Ah ! Ouiche ! Par les tailles ! Elles se sont éboulées aussi, nous sommes entre deux murs, une vraie souricière[2]...

Et l'affreuse vie commença. Ni Chaval ni Étienne n'ouvraient la bouche, assis par terre, à quelques pas. Ni elle, la triste fille, qu'ils se disputaient jusque dans la terre !

Une nouvelle journée s'achevait, et Chaval s'était assis près de Catherine, partageant avec elle sa dernière moitié de tartine. Elle mâchait les bouchées péniblement, il les lui

---

1. **effondrement (n)** : chute, écroulement, affaissement brusque du sol.
2. **souricière (n)** : piège à souris d'où on ne peut sortir.

faisait payer chacune d'une caresse, dans son entêtement[1] de jaloux qui ne voulait pas mourir sans la ravoir, devant l'autre. Épuisée, elle s'abandonnait. Mais lorsqu'il tâcha de la prendre, elle se plaignit.

— Oh ! Laisse, tu me casses les os.

— Laisse-là, nom de Dieu !

— Est-ce que ça te regarde ? Dit Chaval. C'est ma femme, elle est à moi, peut-être !

Et il la reprit, et il la serra, par bravade, lui écrasant sur la bouche ses moustaches rouges, continuant :

— Fiche-nous la paix, hein ! Fais-nous le plaisir de voir là-bas si nous y sommes.

Mais Étienne, les lèvres blanches, criait :

— Si tu ne la lâches pas, je t'étrangle !

La mort leur semblait trop lente, il fallait que, tout de suite, l'un des deux cédât la place.

— Méfie-toi, gronda Chaval. Cette fois, je te mange.

Étienne, à ce moment, devint fou. Ses yeux se noyèrent d'une vapeur rouge, sa gorge s'était congestionnée d'un flot de sang. Le besoin de tuer le prenait, irrésistible, un besoin physique. Cela monta, éclata en dehors de sa volonté, sous la poussée de la lésion héréditaire. Il avait empoigné, dans le mur, une feuille de schiste, et il l'ébran-lait ; et il l'arrachait, très large, très lourde. Puis, à deux mains, avec un force décuplée, il l'abattit sur le crâne de Chaval.

Celui-ci n'eut pas le temps de sauter en arrière. Il tomba, la face broyée, le crâne fendu. La cervelle avait éclaboussé le toit de la galerie, un jet pourpre coulait de la plaie. Et penché, l'œil élargi, Étienne le regardait. C'était donc fait, il avait tué. Ses cheveux se dressaient devant

---

1. **entêtement** (n) : fait de persister dans un comportement volontaire, sans tenir compte des circonstances, sans reconsidérer la situation.

l'horreur de ce meurtre, et malgré la révolte de son éducation, une allégresse faisait battre son cœur, la joie animale
d'un appétit enfin satisfait.

Mais Catherine, toute droite, poussait un grand cri.

— Mon Dieu ! il est mort !

D'une étreinte, elle s'attachait à ses épaules, et il l'étrei-
gnait également, et ils espérèrent qu'ils allaient mourir.

XXI. L'ESPOIR

*Rattrapés par l'eau et plongés dans les ténèbres, Étienne et
Catherine durent se réfugier sur une niche surélevée.*

Les heures se succédaient, toutes également noires, sans
qu'ils pussent en mesurer la durée exacte, de plus en plus
égarés dans le calcul du temps.

Catherine, résignée, avait appuyé contre la veine sa tête
endolorie, lorsqu'un tressaillement la redressa.

— Écoute ! dit-elle. Très lointains, très faibles, ils
entendirent trois coups, largement espacés. Avec ses
sabots, elle battit le rappel des mineurs. Et ils écoutèrent,
et ils distinguèrent de nouveau les trois coups, au loin. Ils
pleuraient, ils s'embrassaient, au risque de perdre l'équi-
libre. Dès ce moment, ils se relayèrent, toujours l'un d'eux
écoutait, prêt à correspondre au moindre signal.

Sans doute, ils auraient succombé, s'ils n'avaient pas eu
de l'eau, tant qu'ils en voulaient. Le septième jour,
Catherine se penchait pour boire, lorsqu'elle heurta de la
main un corps flottant devant elle. Elle poussa un cri terrible.

— C'est lui, mon Dieu !

— Qui donc ?

— Lui, tu sais bien ?... J'ai senti ses moustaches.

C'était le cadavre de Chaval. Jusqu'au bout, il serait là,
même mort, pour les empêcher d'être ensemble. Depuis,

neuf jours, on travaillait à leur délivrance. L'eau baissait, le corps de Chaval s'éloigna. Catherine eut un léger rire.

— Il doit faire bon dehors... Viens, sortons d'ici.

Étienne, d'abord, lutta contre cette démence. Tous leurs sens se faussaient, surtout ceux de Catherine, agitée de fièvre, tourmentée à présent d'un besoin de paroles et de gestes. Les bourdonnements de ses oreilles étaient devenus des murmures d'eau courante, des chants d'oiseaux ; et elle sentait un violent parfum d'herbes écrasées, et elle voyait clair, de grandes taches jaunes volaient devant ses yeux, si larges, qu'elle se croyait dehors, près du canal dans les blés, par une journée de beau soleil.

— Hein ? Fait-il chaud !... Prends-moi donc, restons ensemble, oh ! Toujours, toujours !

Il la serrait, elle se caressait contre lui, longuement, continuant dans un bavardage[1] de fille heureuse :

— Avons-nous été bêtes d'attendre si longtemps ! Tout de suite, j'aurais bien voulu de toi, et tu n'as pas compris, tu as boudé... Puis, tu te rappelles, chez nous, la nuit, quand nous ne dormions pas, le nez en l'air, à nous écouter respirer, avec la grosse envie de nous prendre ?

— Tu m'as battu une fois, oui, oui ! Des soufflets sur les deux joues !

C'est que je t'aimais, murmura-t-elle. Vois-tu, je me défendais de songer à toi, je me disais que c'était bien fini ; et, au fond, je savais qu'un jour ou l'autre nous nous mettrions ensemble... Il ne fallait qu'une occasion, quelque chance heureuse, n'est-ce pas ?

Il répéta lentement

— Rien n'est jamais fini, il suffit d'un peu de bonheur pour que tout recommence.

D'un élan, elle s'était pendue à lui, elle chercha sa bouche et y colla passionnément la sienne. Les ténèbres s'éclairèrent, elle revit le soleil, elle retrouva le rire calmé

1. **bavardage (n)** : le fait de parler beaucoup.

d'amoureuse. Lui, frémissant de la sentir ainsi contre sa chair, demi-nue sous la veste et la culotte en lambeaux, l'empoigna dans un réveil de sa virilité. Et ce fut enfin leur nuit de noces, au fond de cette tombe, sur ce lit de boue, le besoin de ne pas mourir avant d'avoir eu le bonheur, l'obstiné besoin de vivre, de faire de la vie une dernière fois. Ils s'aimèrent dans le désespoir de tout, dans la mort.

Ensuite, il n'y eut plus rien. Étienne était assis par terre, et il avait Catherine sur les genoux, couchée, immobile. Des heures, des heures s'écoulèrent. Il crut longtemps qu'elle dormait ; puis, il la toucha, elle était très froide, elle était morte. Pourtant, il ne remuait pas, de peur de la réveiller.

Tout s'anéantissait, la nuit elle-même avait sombré, il n'était nulle part, hors de l'espace, hors du temps.

Étienne ressentit une secousse. Des voix grondaient, des roches roulaient jusqu'à ses pieds. Quand il aperçut une lampe, il pleura. Mais des camarades l'emportaient, il les laissa introduire, entre ses dents serrées, des cuillerées de bouillon. Ce fut seulement dans la galerie de Réquillart qu'il reconnut quelqu'un, l'ingénieur Négrel, debout devant lui ; et ces deux hommes qui se méprisaient, l'ouvrier révolté, le chef sceptique, se jetèrent au cou l'un de l'autre, sanglotèrent à grands sanglots, dans le bouleversement profond de toute l'humanité qui était en eux. C'était une tristesse immense, la misère des générations, l'excès de douleur où peut tomber la vie.

XXII. LES ADIEUX D'ÉTIENNE

Il était quatre heures du matin. Étienne, à longues enjambées, suivait le chemin de Vandame. Il venait de passer six semaines à Montsou, dans un lit d'hôpital. La Compagnie l'avait averti qu'elle ne pourrait le garder. Elle lui offrait d'ailleurs un secours de cent francs, avec le conseil paternel de quitter le travail des mines, trop dur pour lui désormais. Mais il avait refusé les cent francs. Déjà, une réponse de Pluchart, une lettre où se trouvait l'argent du voyage, l'appelait à Paris. C'était son ancien rêve réalisé.

La Compagnie, disait-on, abusait de son triomphe. Après deux mois et demi de grève, vaincus par la faim, lorsqu'ils étaient retournés aux fosses, ils avaient dû accepter le tarif de boisage, cette baisse de salaire déguisée, exécrable à présent, ensanglantée du sang des camarades. Le travail recommençait partout.

Lorsque Étienne aperçut la Maheude, lamentable dans ses vêtements d'homme, la gorge et le ventre comme enflés encore de l'humidité des tailles, il bégaya de saisissement, il ne trouvait pas les phrases pour expliquer qu'il partait et qu'il avait désiré lui faire ses adieux.

— Hein ? Ça t'étonne de me voir... C'est bien vrai que je menaçais d'étrangler le premier des miens qui redescendrait ; et voilà que je redescends, je devrais m'étrangler moi-même, n'est-ce pas ?... Ah ! Va, ce serait déjà fait, s'il n'y avait pas le vieux et les petits à la maison!

— Alors, tu pars ?

— Oui, ce matin.

— Tu as raison, vaut mieux être ailleurs, quand on le peut... Et ça me fait plaisir de t'avoir vu, parce que tu sauras au moins que je n'ai rien sur le cœur contre toi. Un moment, je t'aurais assommé, après toutes ces tueries. Mais on réfléchit, n'est-ce pas ? On s'aperçoit qu'au bout du compte ce n'est la faute de personne... Non, non, ce n'est pas ta faute, c'est la faute de tout le monde.

Maintenant elle causait avec tranquillité de ses morts. Ça ne porterait pas chance aux bourgeois, d'avoir tué tant de pauvres gens. Bien sûr qu'ils en seraient punis un jour, car tout se paie. On n'aurait pas même besoin de s'en mêler, la boutique sauterait seule, les soldats tireraient sur les patrons, comme ils avaient tiré sur les ouvriers. Et, dans sa résignation séculaire, dans cette hérédité de discipline qui la courbait de nouveau, un travail s'était ainsi fait, la certitude que l'injustice ne pouvait durer davantage, et que, s'il n'y avait plus de bon Dieu il en repousserait un autre, pour venger les misérables.

XXIII. GERMINAL

Étienne quitta la fosse. Il eut une sensation de plein air, de ciel libre et il respira largement. Le soleil paraissait à l'horizon glorieux, c'était un réveil d'allégresse, dans la campagne entière. Un flot d'or roulait de l'orient à l'occident, sur la plaine immense. Cette chaleur de vie gagnait, s'étendait, en un frisson de jeunesse, où vibraient les soupirs de la terre, le chant des oiseaux, tous les murmures des eaux et des bois. Il faisait bon vivre, le vieux monde voulait vivre un printemps encore.

Et, pénétré de cet espoir, Étienne ralentit sa marche, les yeux perdus à droite et à gauche, dans cette gaieté de la nouvelle saison. Il songeait à lui, il se sentait fort, mûri par sa dure expérience au fond de la mine. Son éducation était finie, il s'en allait armé, en soldat raisonneur de la révolution, ayant déclaré la guerre à la société, telle qu'il la voyait et telle qu'il la condamnait. Il méditait d'élargir son programme, l'affinement bourgeois qui l'avait haussé au-dessus de sa classe le jetait à une haine plus grande de la bourgeoisie. Ces ouvriers dont l'odeur de misère le gênait maintenant, il éprouvait le besoin de les mettre dans la gloire, il les montrerait comme les seuls grands, les seuls impeccables, comme l'unique noblesse et l'unique force où l'humanité pût se retremper. Déjà, il se voyait à la tribune, triomphant avec le peuple, si le peuple ne le dévorait pas.

Aujourd'hui, le travail de brute, mortel, mal payé, recommençait. Sous la terre, là-bas, à sept cents mètres, il lui semblait entendre des coups sourds, réguliers, continus : c'étaient les camarades qu'il venait de voir descendre, les camarades noirs, qui tapaient, dans leur rage silencieuse. Sans doute, ils étaient vaincus, ils y avaient laissé de l'argent et des morts ; mais Paris n'oublierait pas les coups de feu du Voreux, le sang de l'empire lui aussi coulerait par cette blessure inguérissable ; et si la crise industrielle tirait à sa fin, si les usines rouvraient une à une, l'état de guerre n'en restait pas moins déclaré, sans que la paix fût désormais possible. Cette fois encore, c'était un coup d'épaule donné à la société en ruine, et ils en avaient entendu le craquement sous leurs pas, et ils sentaient monter d'autres secousses, toujours d'autres, jusqu'à ce que le vieil édifice, ébranlé, s'effondrât, s'engloutît comme le Voreux, coulant à l'abîme.

Et il songeait à présent que la violence peut-être ne hâtait pas les choses. Des câbles coupés, des rails arrachés, des lampes cassées, quelle inutile besogne ! Cela bien la peine de galoper à trois mille, en une bande dévastatrice ! Vaguement, il devinait que la légalité, un jour, pouvait être plus terrible. Sa raison mûrissait, il avait jeté la gourme[1] de ses rancunes. Oui, la Maheude le disait bien avec son bon sens, ce serait le grand coup : s'enrégimenter tranquillement, se connaître, se réunir en syndicats, lorsque les lois le permettraient ; puis le matin où l'on se sentirait les coudes, où l'on se trouverait des millions de travailleurs en face de quelques milliers de fainéants, prendre le pouvoir, être les maîtres. Ah ! Quel réveil de vérité et de justice ! Le dieu repu et accroupi en crèverait sur l'heure, l'idole monstrueuse, cachée au fond de son tabernacle, dans cet inconnu lointain où les misérables la nourrissaient de leur chair, sans l'avoir jamais vue.

Et, sous ses pieds, les coups profonds, les coups obstinés

---

1. **jeter la gourme** : se dit des gens qui font leurs premières frasques, folies.

des rivelaines continuaient. Les camarades étaient tous là, il les entendait le suivre à chaque enjambée. N'était-ce pas la Maheude, sous cette pièce de betteraves[1], l'échine cassée, dont le souffle montait si rauque, accompagné par le ronflement du ventilateur ? À gauche, à droite, plus loin, il croyait en reconnaître d'autres, sous les blés, les haies vives, les jeunes arbres. Maintenant, en plein ciel, le soleil d'avril rayonnait dans sa gloire, échauffant la terre qui enfantait. Du flanc nourricier jaillissait la vie, les bourgeons[2] crevaient en feuilles vertes, les champs tressaillaient de la poussée des herbes. De toutes parts, des graines se gonflaient, s'allongeaient, gerçaient les plaine, travaillées d'un besoin de chaleur et de lumière. Un débordement de sève[3] coulait avec des voix chuchotantes, le bruit des germes s'épandait en un grand baiser. Encore, encore, de plus en plus distinctement, comme s'ils se fussent rapprochés du sol, les camarades tapaient. Aux rayons enflammés de l'astre, par cette matinée de jeunesse, c'était de cette rumeur que la campagne était grosse. Des hommes poussaient, une armée noire, vengeresse, qui germait lentement dans les sillons, grandissant pour les récoltes du siècle futur, et dont la germination allait faire bientôt éclater la terre.

1. **betterave (n)** : plante à petite racine rouge et sucrée, souvent de forme ronde.
2. **bourgeon (n)** : excroissance formée de pièces très jeunes, promesses de vie future.
3. **sève (n)** : principe vital, solution aqueuse de sels minéraux venant du sol, qui alimente la plante.

1. Les affirmations suivantes sont-elles vraies (V) ou fausses (F) ? (Elles concernent les chapitres I, II, III, consultez les notes avant de répondre !)

	V	F
1. L'histoire se déroule près de Montsou, dans le Sud de la France.	☐	☐
2. L'histoire a lieu au premier Empire, à l'époque de Napoléon Premier.	☐	☐
3. Le héros s'appelle Étienne Lantier.	☐	☐
4. Le vieillard qu'il rencontre, Bonnemort, est en mauvaise santé.	☐	☐
5. Bonnemort est actuellement herscheur dans la mine.	☐	☐
6. La plupart des enfants Maheu se réveillent à sept heures du matin.	☐	☐
7. Catherine est l'aînée des enfants Maheu.	☐	☐
8. Le briquet sert à allumer la cuisinière le matin.	☐	☐
9. La famille Maheu est aisée.	☐	☐
10. La famille Maheu est nombreuse.	☐	☐

2. Bonnemort a fait presque tous les métiers de la mine au cours de sa longue carrière (II). Sauriez-vous associer ces noms de métier à leur définition ? (Consultez les notes lexicales pour vous aider.)

1. Charretier a) ouvrier chargé de placer les berlines dans les cages

2. galibot b) ouvrier chargé de détacher le charbon de la veine

3. haveur   c) ouvrier qui rapporte des terres pour combler une cavité

4. lampiste   d) personne chargée de l'entretien des lampes

5. herscheur   e) contremaître dans la mine

6. moulineur-chargeur   f) apprenti chargé de la manœuvre des berlines sur le plan incliné

7. porion   g) mineur chargé de remplir les berlines et de les pousser jusqu'au plan incliné

8. remblayeur   h) personne qui conduit une charrette, tirée par des animaux

3. Complétez ce plan de la maison des Maheu, avec les noms des membres de la famille et l'âge des enfants.

lit de gauche	lit de droite	lit du milieu
....	....	....
....	....	....

quatrième lit	berceau
....	....
....	....

4. **Parmi les expressions suivantes, cochez celles qui correspondent bien au portrait de Catherine (III).**

forte / porte une culotte / bien en chair / pieds roses / porte un béguin bleu / visage noir / anémique / mauvaises dents / maigre / bras délicats / grande bouche / yeux bleus / en pleine forme / visage bronzé / gencives chlorotiques / habillée en jupon / yeux gris / porte un chignon / teint pâle / très féminine / porte une veste

5. **Associez, en les reliant, les noms aux fonctions (IV).**

Dansaert	porion
Négrel	
Catherine	ingénieur
Zacharie	
Richomme	hersheur/euse
Chaval	
Levaque	haveur
Maheu	
Mouquette	maître porion

6. **Associez les outils de travail du mineur à leur définition (IV).**

1. barrette   a) instrument permettant de faire basculer un wagonnet pour le vider.

2. berline   b) pic du mineur pour détacher le charbon.

3. rivelaine   c) grande benne à remonter le
                      charbon.

4. briquet   d) casque du mineur.

5. culbuteur   e) appareil permettant d'éclai-
                      rer le mineur pendant son
                      travail.

6. bois   f) sandwich composé de deux
                      tartines pour la pause de 10
                      heures.

7. lampe Davy   g) outil composé d'une plaque
                      mince et d'un manche ser-
                      vant à rassembler le charbon
                      et le mettre dans la benne.

8. pelle   h) matériau permettant
                      d'étayer, de soutenir les
                      galeries de la mine.

7. Le triangle romanesque :
Étienne – Chaval – Catherine.

1. Quelles sont l'attitude et les premières impres-
   sions d'Étienne vis-à-vis de Chaval (V) et de
   Catherine (VI) ?
   ....
   ....
   ....

2. Comment l'attitude d'Etienne à l'égard de
   Catherine évolue-t-elle (VII) ?
   ....
   ....
   ....

3. Pourquoi renonce-t-il à l'embrasser ?

....
....
....

8. **Dans le chapitre IX, relevez les contrastes et les oppositions entre la famille Maheu et la famille Grégoire représentant la bourgeoisie.**

....
....
....
....
....
....

9. **Les affirmations suivantes sont-elles vraies (V) ou fausses (F) ? (Elles concernent les chapitres X, XI.)**

	V	F
1. Le coron est un pays de cocagne.	❑	❑
2. Mme Hennebeau veut sincèrement aider les pauvres.	❑	❑
3. La Compagnie est très généreuse avec les mineurs.	❑	❑
4. Étienne est seul.	❑	❑
5. Catherine est déjà allée avec un homme.	❑	❑
6. Catherine accepte de bon gré de faire l'amour avec Chaval.	❑	❑
7. Étienne est surpris de reconnaître Chaval et Catherine.	❑	❑
8. Étienne en veut à Chaval.	❑	❑

10. Appariez chaque personnage au type de révolté qu'il représente et au moyen d'action qu'il préconise pour le changement.

Pluchart	socialiste marxiste	faire tout sauter, détruire, saboter
Étienne	anarchiste-nihiliste	négocier, être pragmatique
Rasseneur	professionnel de l'Internationale	adhérer à l'Internationale des travailleurs
Souvarine	réformiste	constituer une caisse de prévoyance

11. Les affirmations suivantes sont-elles vraies (V) ou fausses (F) ? (Elles concernent les chapitres XIV-XXIII.)

V   F

1. La paie de l'équipe de travail de Maheu ☐ ☐ est plus mauvaise que d'habitude.
2. Les révoltés provoquent les soldats et ☐ ☐ le capitaine.
3. Chaval aura entravé jusqu'à la fin ☐ ☐ l'amour entre Étienne et Catherine.
4. Étienne va continuer à lutter en prônant ☐ ☐ la violence.

TABLES DES MATIÈRES